Ⓢ新潮新書

黒川伊保子
KUROKAWA Ihoko

怪獣の名はなぜ
ガギグゲゴなのか

078

新潮社

怪獣の名はなぜガギグゲゴなのか——目次

序　章　ブランドをつくるマントラ　9
日立のマントラ　商品名の音　音のサブリミナル

第1章　ことばの音　19
おっぱいの音　母を呼ぶ音　MとPの快感　音と人間の生理　気持ち良いことばは語り継がれる　この世の始まりの魔法　文字でも聴覚野が刺激される　名前は呪である　ことばの本質　文字のイメージ

第2章　サブリミナル・インプレッションの力　43
ものの音と脳　音の共鳴体としての身体　脳に響く音　「ことばの音」の定義　「右脳で聴く」ということ　潜在脳のイメージ　サブリミナル・インプレッションとクオリア　「マニフェスト」の甘さ

第3章　鍵は擬音・擬態語　62

言語学から脳へ　脳科学から言語へ　感性工学から言語へ　マーケティング論の視点　九千年のタイムトラベル／インド・ヨーロッパ祖語からの発見　「培」「倍」「by」　肉体の悦び／発音の生理構造からの発見　粘りのある「バビブベボ」　カラカラとサラサラ　すべりのいい「S」　かたい「K」　とろみのある「T」　なぜキツネはズルイのか

第4章　音のクオリア　96

日本語の音と文字　濁音の見事さ　母音語の奇跡　辛口のキレを持つ「K」　Cの存在理由　確かな手ごたえの「T」　光と風のモニュメント「S」　未来への光「H」　ベッドルームの音「N」　満ち足りた女の「M」　哲学の響き「R」　男たちを興奮させる濁音　吐き出すブレイクスルー系　母音は世界観を作る　アイウエオのサブリミナル・イ

ンプレッション　エントロピー増大関数としての「Y」「W」

第5章　ブランドマントラになった商品名たち　153
未来に向かって走るブランド　トマトジュースが甘い理由　少女たちの救世主　男の子が走り出す音　牛丼と豚丼　化粧品ブランドの棲み分けマップ

終　章　日本人は言葉の天才　185
世界が二つの言語に分かれた日　溶け合うことば、威嚇し合うことば　日本語は母音語　日本人の絶対語感

おわりに　202

【表記について】

語の音の表記は、音素(子音、母音)のアルファベット表記とし、音声認識の状況を明確にするために、音声認識の最小単位の先頭音素を大文字とした。ちなみに、日本語の場合は音声認識の最小単位はカナ一文字に当たる。

なお、音声認識に至らない息の音や、knowのkのような誘導音は、語頭であっても小文字表記されている。

例) サクラSa-Ku-Ra、ヒカリHi-Ka-Ri、アサA-Sa、イチゴI-CHi-Go (SHやCHは、文字は二文字だが発声の物理単位は一つなので一音素とみなす)

本書では、欧米語のサブリミナル・インプレッションについては、すべて日本におけるカタカナ語として言及しているため、欧米語の音表記は使っていない(カタカナ語の原語を示す場合は、音表記ではなくつづりをそのまま付記している)。

序　章　ブランドをつくるマントラ

日立のマントラ

「ブランドマントラ」ということばが囁《ささや》かれ始めている。

ブランドマントラとは、企業イメージを表現するための短文である。ただし、キャッチコピーのように直接的かつ具体的な意味は持たず、スローガンのような強制的な使われ方もしない。イメージ重視の抽象的な短文で、ビジネスパートナーの間で意識を統一するために使われたり、CMで、企業名や商品名の後にさりげなく挿入するような使われ方をする。

ブランドマントラということば自体は、ナイキが社員とビジネスパートナーに行きわたらせたキーワード「Authentic Athletic Performance（真のアスレティック・パフォーマンス)」をブランドマントラと呼んだのが発祥のようだが、ブランドマントラの概念そのものは、別に目新しいものではない。私自身は、日立の「Inspire the next」が、最も好例だと思う。

そもそも、マントラ(真言)とは、古代インドの知識体系ヴェーダにおける「音だけのことば」である。ことばなのに直接の意味を持たず、文字も与えられていない。五千年を越える伝承も口伝《くでん》で行われてきた、筋金入りの「音だけのことば」たちなのだ。

マントラは、繰り返し使うと、人間の「意識の質」を整える効果があるとされる。人は、意識の質が乱れるとものごとに集中できなくなりイライラがつのる。このイライラは神経系のストレスであり、諸病諸悪の根源であるというのがアーユル・ヴェーダ(生理学)の思想である。古来インドでは、意識の質を整えることが生活の基本であり、その手段の一つとしてマントラが使われてきた。現代でもマントラを使う瞑想法TM(Transcendental Meditation)は、ストレスを沈静する健康維持のツール、あるいは意識を静かにして発想力を高める上質の知のツールとして、特に欧米で認知されている。

ブランドマントラということばを生み出した欧米人にとって、マントラは、ことばの繰り返しによって意識の質を整える、知的な概念なのである。同時に、東洋の知恵を表すこのことばに対し、日本人よりもずっと認知度が高い。宗教性や神秘性を帯びて語られることばではない。

ブランドマントラは、このことばの繰り返しによるイメージ構築効果を、ブランドイメージ構築に持ち込んだ考え方だ。

ただし、本物のマントラは、声に出したり、文字列にしたりしてメディアに乗せるものではない。マントラは、個人の脳の特性に合わせて音を組み合わせるプライベートなものだ。それは、マントラの持ち主に口伝で伝えられ、一度伝えられた後は口外したり記述したりしない。

したがって、ブランドマントラは、あくまでもマントラの「ことばの繰り返しが意識の質を整える」という意味だけを拝借したネーミングである（本物のマントラの劇的な効果をご存知の読者が心配するといけないので言及しておく）。

したがって、本物のマントラと違って、ブランドマントラには意味はある。けれど、抽象概念が多く、意味を第一義に据えていないのは明らかである。

日立の「Inspire the next」の意味を、テレビから最初に聞こえた瞬間に理解した日本人がどれくらいいただろうか。私は、すぐに辞書を引いたが、inspire は「鼓舞する、考えを吹き込む、霊感を与える」とある。「次世代を鼓舞する?」「次への霊感?」、意味がわかっても、なんだそりゃ、である。

けれど、「Inspire the next」は、なんとも心地よくヒタチにくっついているとは思いませんか?

私は、ことばの音の潜在意識効果を長く追求してきた。この手法を使って、このブランドマントラの音を解析すると、「光の粒が胸の中に飛び込んできて、やさしい閃光《せんこう》を発する」イメージを喚起することばなのだった。「Inspire the next」と囁かれる度に、私たちの胸に、小さな光の粒が飛んできて心地よくフラッシュする。まるで未来からのメッセージのように。

実は、企業名「ヒタチ」も、閃光のイメージを持つ大和ことばである。「ヒタチ」と「Inspire」は、潜在脳への効果上、とてもよく似ているのだ。

私たちは、おそらく既に何十回何百回とCMでこのブランドマントラを聞いている。日立がこれからも未来へ向かう企業だというイメージが、大衆に根付こうとしている。もちろん、技術力や事業力が評価されての結果なのだろうが、その実体以上に、プラスのイメージを得ているような印象がある。

光り輝く「ヒタチ」と、二十一世紀のブランドマントラ「Inspire the next」。これらの音の潜在意識効果、すなわち「サブリミナル効果」とは、一体どのようなものなのだろうか。

商品名の音

実は、音のサブリミナル効果の影響が認められるのは、企業名やブランドマントラだけではない。

「車の名前にはCがいい」(例・カローラ、クラウン、セドリック、シビック等)
「女性雑誌はNとMが売れる」(例・ノンノ、アンアン、モア等)
「人気怪獣の名前には必ず濁音が入っている」(例・ゴジラ、ガメラ、キングギドラ等)

企画の現場で語られる、ことばの経験則がある。これらもまた、ことばの音のサブリミナル効果が大衆を動かす現象である。

ことばの音の響きには、潜在的に人の心を動かす力がある。発音の生理構造に依拠した、人類共通に与える潜在情報があるのだ。

たとえば、Kの音を出すとき、私たちは、喉を硬く締め、強く息を出して喉をブレイクする。喉をブレイクスルーした息は、最速で口腔《こうこう》内を抜ける。最速で抜ける息は唾液と混じらないので、ことばの音の中で最も乾いている。

Ｋ音を発音する度に、私たちは、自分自身の身体で、硬さ、強さ、スピード感、ドライ感の四つの「感性の質」を体験しているのだ。その単語が、これらの質と直接関係のない意味を持っていても、いやおうなく脳裏には、硬さ、強さ、スピード感、ドライ感の四つの質が浮かぶのである。

この感覚は、洋の東西を問わない。気管から送り出される息と喉、口腔、鼻腔、舌、歯、唇を使って音声を出す人種であれば（私はそれ以外の人種を知らないが）、同じ方法で同じ音を出し、同じ音について同じ潜在情報を共有している。

つまり、ことばには、意味とは別に描かれる潜在意識の印象があり、それは世界共通の印象なのである。

ちなみに、Ｋ音を発した直後、喉は丸く緊張する。遅れてやってくるこの感性の質を、わざわざ取り出すための文字がＣである。Ｃ表記を使うと、Ｋの発音から、硬い曲面や速い回転のイメージを優先的に引き出せる。すなわち、車に使えば、金属の流線型のボディと、エンジンの回転を想起させることになる。

だからこそ自動車の名前にはCが効果的に使われているのだ。カローラ、クラウン、コロナ、カムリ、コルベット、カマロ、シビックなどなど。音はS音ながらも、流線型のイメージを文字Cに託した車名も含むなら、セドリック、セフィーロ、シトロエン、シボレーなども挙げられる。

「車の名前にはCがいい」という経験則は、発音の生理構造が脳に送り込んでくる感性の質の演算によって、科学的に説明できるのである。

「それはコジツケだ。あえて理屈を付けるならば、最初にCを使った車がヒットしたので、皆が追随したに過ぎない」とおっしゃるかもしれない。ことばの「意味」にのみ囚《とら》われている人ならば誰もがそう思うことだろう。

しかし、そうでもないのである。大脳には、「感じる半球（右脳）」と、「考える半球（左脳）」がある。硬く締めた喉に、強く息をブレイクスルーさせる快感は、膨張と放出のイメージを持つ生殖期間中の男性脳を興奮させる。左脳が意味をうんぬんする前に、右脳は勝手に興奮するのだ。だからこそ男たちは、「採算性を考えれば、自転車とタクシーで十分じゃない？」という妻を蹴散らして、輝く流線型のボディを手に入れるわけである。

もちろん、男性脳を興奮させる音は他にもある。C以外の車も、上手に男たちを興奮させている。

音のサブリミナル

おそらく、二十一世紀の今日まで、ことばの音のサブリミナル効果（潜在意識に働きかける効果）を知らないままに、多くの商品名は付けられてきたはずだ。にもかかわらず、世界中の人たちが知っている有名ブランドのおそらくすべては、秀逸なサブリミナル効果を持っている（私自身は例外を探し当てていない）。

ことばの音のサブリミナル効果を分析するすべがなかったときは、これらはすべて、運が良いとか、センスが良いということばで片付けられてきた。

しかしながら、ことばの音のサブリミナル効果を分析することができれば、運とセンスがさほど良くなくても、事前に「得する」道を選ぶことも出来るのである。企業名、商品名、キャッチコピー、スローガン、さらにはビジネスマン個人の名前（！）などなど、顧客に向かって繰り返されることばのサブリミナル効果を知り、自らのそれを、効果的なブランドマントラにすればいい。

すなわち、ことばの音のサブリミナル効果をうまく活かしてやれば、現在ブランドマントラと呼ばれている「ブランドの方向性を示唆する抽象的なコピー」だけではなく、商品名や個人名もブランドマントラになりうるのだ。顧客が商品名を言う度、見る度に、その商品の信頼性や快適さが伝わるのだとしたら、これ以上のビジネスツールはないではないか。

そう気づいた私は、ことばのサブリミナル効果に関する研究を体系化しようとして、いくつかの研究フィールドをリサーチした。ところが、私の研究以前に、ことばの音のサブリミナル効果についての科学的客観的研究は存在しなかったのだ。しかたがないので、私の研究をそのまま世界初のことばの音のサブリミナル効果分析法として提唱することにした。荒削りであることはご容赦いただきたい。「従来の権威ある研究」を引用しつつ書いたほうがもっともらしいのだが、実のところ引用すべき従来の研究が存在しないのだ。今後、多くの研究者の参加によって、この分野が混み合うことを期待する。

現在のところ、この研究は、私個人のスキル、すなわち、物理学、人工知能、脳科学、言語学の知識の集大成として存在する。これらのどの知識が欠けても体系化するのは困難だったが、これで足りているかどうかは現時点では私にもわからない。

新境地の、出来立てのほやほや、しかも潜在意識論なので、私の考察手法と研究成果については、まあ賛否両論あると思う。しかし、今のところ、ことばのサブリミナル効果の正体について語った唯一の本である。明日もことばを使うあなたに、ぜひ、このテーマに触れて欲しい。

第1章　ことばの音

おっぱいの音

私の赤ん坊が最初に発音した有声子音はMだった。

私は、息子が生後二ヶ月のときに職場復帰した。二ヶ月といえば、おっぱいだけで生きているので、帰宅したときの最初の授乳は大騒ぎだった。空腹の彼は、何時間ぶりかに乳房を見て興奮し、ふがふが鼻を鳴らしながら吸い付こうとする。こっち（おっぱい）も充満していきり立っているから、下からアクセスすると最初の一～二回は乳首から外れてしまうのだ。

この外れた瞬間、彼の口から漏れる音は、立派なMなのであった（正確には、息の音が入り、haMという感じになる）。

私は、「お、なんて美しいMだろう」と感心したものだ。というのも、日本語を習得した後の日本人は、基本的に母音付きでしか子音を発音しないので、単子音の発音が難しい。英語の先生がいくら鼻の穴に力を入れて「M！」と発音しても、多くの生徒の単語末のMはどうしたってMu（いわゆる日本語の「ム」）になる。けれど、赤ん坊のそれは、ネイティブの先生が発音するMそのものだった。

よくよく聞いてみると、乳首に無事吸い付いた後も、興奮して息が荒いうちはM(g)M(g)という音を出しながら、おっぱいを吸っている。鼻腔を共鳴体に使うM音は、頭蓋骨いっぱいに響いているに違いない。

こうして、赤ん坊にとってM音は、口いっぱいの乳首や、掌《てのひら》いっぱいの乳房、お腹に満ちてゆく甘い乳と共に存在している。Mは赤ん坊のまっさらな脳に、満ち足りた、充足感の音として刷り込まれているのである。

ママ、マム、マミー、マーマー、オンマ……世界中の多くの幼児が、M音で母を呼ぶ。幼児のM音獲得シーンを見ていたら、それが当然のことであるのがよくわかる。

息子の脳の中でも、M音と充足感と私が結びついているのかしら。成長した赤ん坊がMを発音するとき、その脳の奥底で、授乳のときの充足感が発火するのかもしれない。

たとえ大人になって母親がいなくなったあとでも、ことばの中に仕込まれたM音で、母親は常に子供の傍《そば》にいる。

そう考えたら、母親であることの誇りと責任感が急に胸に迫ってきて、涙がこぼれた。子に乳を与えるのは、栄養を与えるだけじゃない。脳に感性の端子を与える作業でもある（この文章を、母乳の出なかったお母さんが読んでも落ち込まないでください。脳科学的には、哺乳瓶でもちゃんと効果があります）。

母を呼ぶ音

英米語の幼児語 mama と papa は、赤ん坊が無意識に出す最初の有声子音Mを母親に、意識的に出す最初の無声子音Pを父親に充てている。すべてのことばの音のうち、赤ん坊が最も発音しやすい二音である。よく出来ているなぁと感心するしかない。

一方で日本語は「母」にM音を充てていない。しかし、あっという間に「ママ」という呼び方が習慣化してしまったことはご承知のとおりである。

「ママ」と「パパ」が定着したのは、六十年代にアメリカのホームドラマを次々と放送したテレビ局のせいばかりじゃない。人間の生理に即した見事なことばだったからだ。

幼児語や擬音・擬態語（オノマトペ）には、このように、感性に即したことばの音使いを多く見つけることが出来る。

では日本で「ママ」が習慣化するまで、赤ちゃんの発音から素直に派生する、母親方面を指す幼児語はなんだったのだろう。実は、日常の用事を済ます会話に必ずしも主語や目的語を必要としない日本語では、自然な対話文で「母親」という生物個体を主張するシーンがあまりない。日本語では「ママが、あなたに、プリンを作ってあげるわ」とは言わない。「プリン、作ってあげようねぇ」である。

これに加えて、アルバイトのベビーシッターを雇う習慣がなく、おんぶや抱っこの習慣によって母親に密着して育てられる日本の赤ん坊には、あまり「母親」という生物個体を認識する機会がないのだ。このため、日本の赤ん坊は、「まんま」とか「ぱいぱい」のような、空腹や不快、不安を解消してもらうための語を先に覚え、その機能提供者として母親を認識している。

この例に漏れず、うちの息子も、私を「ぱいぱい」と呼んでいた。お腹が空けばもちろん「ぱいぱい」だが、不安になっても、具合が悪くても「ぱいぱい」である。テーブルの角に頭をぶつけても「ぱいぱい〜っ」と泣き、抱きしめてやると、乳房に顔をうずめて泣き止んだ。この時期、彼は、私の顔なんか見ちゃいなかった。「今、彼に絵が描けたら、きっとおっぱいに手足が生えているんじゃないか」と密かに疑っていたら、三歳のころに初めて描《か》いた「ママ」には乳房と腕・手と太ももしかなく、認識論を扱う母親は、深く感心してしまった。正しく、自分に必要な機能部位でしか、母親を認めていないのだ。

このように一人称を使わずに子育てをするために日本の母子は独特の癒着関係を築きやすい。赤ん坊は、あたかも自分の身体の一部を認識するように、母親の乳房を認識する。主語と目的語を一々しゃべる言語を使う国の赤ん坊が母親を別の個体として認識するよりもずっと遅れて、母親を別個体だと認識することになるのだ。赤ん坊にとって一時期、親子や家族が別個体の集合ではなく、一つの生命系になるのである。

この日本型の母子依存関係には教育上の賛否両論があるようだが、私自身は、家族という系への意識の拡張を自己認識の根底に持つ人間は、孤独や死への恐怖に強いと思う。なので、自分の赤ん坊に「私がママよ」とは教えなかった。

MとPの快感

さて、このようなわけで、日本語における母親を表す幼児語は、ハハやカアサンではなく、母親の機能部位を示す「まんま」や「ぱいぱい」と見るべきだろう。奇《く》しくも、MとPである。

興奮の結果「出てしまう」息の音Hや鼻音Mに対し、PやBのように唇を使って出す音は、赤ん坊が意図的に出す最初の子音である。上下の両唇のテンションで、口腔内の空気を破裂させて出すP音と、両唇を振動させるB音。唇に刺激のあるこれらの音は、口唇に意識が集中している授乳期の赤ん坊にとって、とても気持ちが良いのである（その快感度は、大人の想像を絶するはずだ）。空腹でもなく眠くもなくオムツも汚れていない赤ん坊は、プゥ〜とかバブ〜などと、一人で機嫌よく破裂音や両唇音を出している。母親なら誰でも知っている光景である。

ちなみに、気持ちよいPの拍（パ行音）のうち、息子が一番好きだったのはプ、正確にはその長音のプーだった。息子が好んで出す音を観察しながら気づいたのだが、実際に発音してみて、なるほどと思った。パ行音のうち、Puが最も唇がリラックスしている。このため、Puを長く伸ばすプーは、破裂（Pの特性）と振動（Bの特性）の両方の生理的快感を得られるのである。

そういえば、『くまのプーさん』は、世界中で愛されている。プーが気持ちよい、というのはうちの赤ん坊だけの特性ではないようである。

また、Bの拍（バ行音）で、破裂と振動の両方を楽しめるのはバーとブーになる。この二拍を使った「バブバブ」は、赤ちゃんことばを描写する定番の擬音語だ。

英語のbabyはどうだろう。babyは分解すると、bab＋yだ。バブに、愛称の接尾辞yを付けたのだろうか？　つまり、バブというカワイイヤツってことだろうか？　どうやら英米語を使う国の赤ん坊も唇の刺激がお好きのようだ。

さて、話をパイパイに戻そう。

Pの拍のうち、最も快感の強いプでなくパが採択されたのは、やはり、おっぱいに吸い付こうとして口を開ける動きが重要だったからだろう。乳房に吸い付く寸前のhaMのうちのhaである。

この、おっぱいをくわえようとする赤ん坊の口の動きには、実際にはパイパイの「イ」は入っていない。パァパである。陸に揚げられた魚の、パクパクと擬態される口のかたちとそう変わらない。

そのパァパに、いつの間にか母音イが添えられたのは、このことばを誘導した大人の側の論理でいえば、イの尖《とが》った感じが授乳時の乳首にはふさわしかったからかもしれない。また、イには相手にまっすぐ届く力があるので、「パァパ」よりも「パイパイ」の方が、忙しい母親を振り返らすことが出来る。赤ん坊側の事情から言えば、母に振り返ってもらいたい一心で添えられたイなのだろう。

この「パァパ」、そのまま母に通じる可能性もある。何百年も前のなぞなぞに「母には二度あいたれども、父には一度もあわず」というのがあり、答は唇なのだという。この時代、ハハは唇を合わせて発音していたとなれば、パパに近い発音だったはずである。

このように、日本人の場合は、Mの前に発せられる無声子音hの方を〝採用〟して、さらにそれを強調するためにPへと転じさせた。それが母乳や母親に繫がった。

まったくの想像だが、古来、日本人の赤ん坊は、よだれが多かったのか、その粘性が強かったのかもしれない。なので、息の音hがPに転じやすく、そうであればMよりも目立って聞こえたのだろう。

もう少し真面目に考察すれば、日本人の母音偏重の脳（これについては後に詳しく述べます）が、乳首に吸い付く際の赤ん坊の発音haMのうち、母音aが付帯しているhaの方を記号として強く認識したため、日本の赤ん坊にとって「M」ではなく「ha」のほうが母親を連想させたのかもしれない。

　そのようなわけで、日本人は、乳首をくわえたときの満足音Mではなく、くわえる直前の息の音haを母親と結びつけた。そのため「ハハ」となったのではないか。そういえば、今や中学生になったうちの息子は、私の顔を見れば「はらへった」とH音を並べている。

　ちなみに、息子はいまだに私のことをママと呼ぶ。身長一七三センチ八五キロの体軀《たいく》から、野太くなり始めた声で「ママ」と呼ぶのだ。「カッコ悪いよ。かあさんと呼んでよ」と言っても、「ママはママだよ。かあさんなんて言ったら、痩せた機敏な人みたいだし、なんとなく、お腹一杯にしてもらえない感じ」と笑うのだ。

　確かに、その感覚もわからないでもない。……え？　てことは、息子が私を呼ぶ「ママ」はmamaじゃなくて、飯なのか。そういえば、この間、私が急に発熱して倒れたとき、「ママに何かあったら、おいら、どうなるんだろう」と途方に暮れていたので、残る力を振り絞って彼の手を握ってあげた。けれども、もう一度繰り返したそのことばをよくよく聞いたら、「ママに何かあったら、おいらの夕飯、どうなるんだろう」と言っていたのだった。とほほ、である。「パイパイ」と呼ばれてから十二年、うちの息子は、いまだに母親イコール食い物となっているらしい。

一方、彼はよそで「うちのハハ」というのは抵抗がないそうだ。ハハは、呑気《のんき》であったかい感じがして、うちのママに似合う、のだそうだ。おいおい、働く母には座る暇もない、なのに呑気ってどういうこと？　と反論したいところだが、ハハまで来てやっと、食い物と無関係になった。ひとまず、彼の成長を喜ぶことにしよう。

音と人間の生理

さて、いずれにしても、人類のすべての個体が、その人生の初めに、温かい腕に抱かれて、乳首を口いっぱいに頬張り、甘い乳を味わったのである。

その快感は、自らの生命を維持するための快感であり、何にも増して強かったに違いない。なぜなら快感は、脳に仕込まれた生命維持のための誘導装置だから。生命維持の優先順位から言えば、次世代の生命を繋ぐ性行為よりもはるかに気持ちがよかったはずである。

その人生最大級の快感の現場に、haMという音があった。これはまた、ヒトとしての口の機構を持っている、人類すべての個体に共通する音なのである。

だからこそ、多くの国の幼児が、母親をM音で呼ぶ。日本語でも母にこそH音が与えられたが、「飯（まんま、めし）」「実」「蒸す」「芽」「桃」「満ちる」等々、中身の充足した状態、満ち足りた事態に与えられることばにM音は非常に多い。

この人生最初で最大の快感と、M音に対する人類共通のイメージが、はたして無関係なのだろうか。そうではないと私は確信している。

私のことばの音に関する研究は、ここに端を発しているのである。

ことばの音と人間の生理の関係に、普遍性を見つけられないだろうか。

すなわち、このM音に感応する人類共通のイメージのようなものを、他の音にも見つけ出すことができないだろうか——。

気持ち良いことばは語り継がれる

ことばの音と人間の生理の間に普遍の関係が見出せれば、その音が構成することばの感性イメージを算出できる。これは、画期的なことではないだろうか。

たとえば、文学の新たな解析ツールとして使える可能性がある。『風の又三郎』の不思議な「どっどどどどうど」という風の音からは、宮沢賢治が伝えたかった何かが、意味を超えて見えてくるかもしれない。

商品名や会社名などのブランドだったら、どうだろう。

たとえば、甘くコクのある飲み物であれば、M音を使うといいかもしれない。M音を聞いたとき、私たちは、とうの昔に忘れた授乳時の、甘く満ち足りたイメージを喚起されるのだ。そのM音に触発されて買った飲料と、M音のイメージが見事に合致すれば、私たちの脳は気持ちが良い。気持ちが良ければ、発音したくなる。発音したいから（あるいは字面を見て脳を刺激したいから）、また買うし人に伝えたくもなる。

こう考えると、ことばの音は、非常に重要なマーケティング・ツールになる。このことばの音が科学的に分析できれば、商品のイメージに合った、消費者に気持ち良い音の商品名をあらかじめ仕掛けることができるのである。

商品名ではないが、M音の気持ち良さで、二千年も残った名前がある。

聖母マリアも、仏陀の母・摩耶《マヤ》も、母性の音Mで始まる。もちろん、ただの偶然だろう。M音の名を持つ母だから聖人を産んだなどと、いくら思い込みの強い私だって言うつもりはない。ただ、聖母がタリアだったら、仏陀の母がサヤだったら、彼女たちの名は息子と一緒に二千年を越えて語り継がれただろうか。聖母タリアだったら、あの満ちてあふるるような名曲として「アヴェ・タリア」は生まれただろうか。

「タリア」からはエキゾチックなイメージが、「サヤ」からは清楚なイメージが湧く。それぞれに美人を髣髴《ほうふつ》とさせる名だけれど、聖なる母のイメージとは少し違うような気がする。

満ち足りた女の象徴としての名マリアとマヤが、聖人たちの母親役に据えられると、人間の脳は気持ちが良いのである。だから、民衆は、「マリア」をキリストと一緒に語ってしまう。気持ちの良いことばは使いたいのが人情だ。気持ちの良いことは何度でも繰り返したい。それが生物の本質なのだから。

ここにおいて、実際のキリストの母が美しかったかどうかは、実はどっちでもかまわない。名前と実体の役割が合っていれば、脳は気持ちが良い。気持ちが良ければ、その実体が、その役割において、美しく、気高く、尊いものに思えてくるのが、人間の脳の面白さである。

それにしても、ことばというのはすごい。ことば以外の気持ちの良い行為によって私たちは何万年もいのちを繋いでいるが、二千年前のご先祖など想像すらつかない。それなのに、気持ちの良いことばは二千年残って一つの実体を指し示し、世界中に多くの逸話と、その実体をテーマにした芸術作品を残しているのである。

この世の始まりの魔法

もう少し名前について考えてみよう。赤ん坊がhaMしか言えない頃から、一番繰り返し聞く単語が自分の名前である。

それだけに名前は、とても特別なことばなのだ。自分のために用意され、生きている限り（よほどの事情がなければ）名乗り、呼び続けられる。雑踏の中で、他のことばは聞き逃しても、自分の名前だけは認識する。そんなことばは他にはない。

名前は、その持ち主に与えられた美しい祈りである。今、あなた自身の名を、ゆっくりと唱えてみていただきたい。若き日のあなたのご両親が、どんな祈りをあなたに与えたのか、感じることが出来るかもしれない。

この「美しい祈り」、幼い頃は、毎日数え切れないくらい繰り返されていた。私も若い頃は、パートナーがちゃんと呼んでくれた。

大人になると、「美しい祈り」をもらえる機会がとても減る。やがておばあちゃんになったら、もっとそうなのだろう。介護センターじゃ「いほこさん」なんて呼んでくれないことだろう。全国の介護関係者の皆さんには、クライアントを、ぜひファーストネームで呼んであげてほしい。おそらく、名前には、その方の気持ちをもっとも柔らかく保つ効果がある。なぜなら、その方のいのちが最も活気に満ちていたときに、そのいのちの在りように添って付けられたものだからだ。脳が一番いきいきすることばになるはずである。「おばあちゃん」だけじゃない。四十代の妻だって、名前を呼べば若返る（はずである）。最近、パートナーの名をとんと呼んだことのない方も、頑張ってみていただきたい。

文字でも聴覚野が刺激される

大人になって苗字や役割で呼ばれるようになっても、私たちは書面で自分の名を見る。ヒトの脳は、文字列を見ただけでも、その文字列の音を聞いたように聴覚野が活性化することがわかっている。名前を呼ばれる度に、あるいは名前の文字を見る度に、私たちは、名前の音に込められたメッセージを聴くのである。この回数たるや、名前の意味を考える回数の何万倍にもなるだろう。

逆に言えば、名前の本質は音にあるもので、音は意味以上に、名の持ち主への強いメッセージを持っている。その、自分のいのちの分身のような名を、これまた成長期には、日に何度も家族や友人から呼ばれるのである。考えてみれば、恐ろしい魔法だ。名前の持ち主にしてみれば、この世の始まりの魔法にして、最も強力な魔法である。

名前は呪である

では、実際にことばの音が、名前にどのような影響を与えるのか見てみよう。

私の名は「いほこ」だが、この名前の音をイメージ分析（具体的な手法は第5章に詳述）すると、「人懐っこく、のほほんとしていて、乾いた感じ」になる。昔、農村にいた、留守中の隣家に上がりこんで、お茶なんかいれちゃって寛いで待っているおばあちゃんみたいに、ほっこりしたカジュアルさだ。

簡単に解説すると、先頭が母音Iのことばには、いきなり相手の中に飛び込むベクトルが働く。「今、行くね」と言われたら、実体の前に、ことばが飛び込んでくる。「えちご」は「いちご」よりも何となく遠く感じられるはずである。

続くHoの拍が温かさと包容力を与え、最後のKoの拍には、賢さ、可愛らしさがある。

そのほか、音素ごとのイメージ（Hの開放感・温かさ、Kの乾いた感じ）とか、語尾母音の影響とか、いろいろ足しこんで計算し、総論として「ほっこりしたカジュアルさ」が出てくるわけである。

似たような名でもシホコなら、切ない感じが匂い立つ。たった一音SHを足すだけで、しっとりとして、華奢《きゃしゃ》になる。なんだか、手をかけてあげなきゃいけないような感じがする。シホコさんは、イホコさんより絶対に得しているような気がする。

一方、Mを足してミホコとなると、女らしさも増すが、現実感もぐんと増す。結婚までは甘く可憐に見えたのに、気が付けばサイフの紐《ひも》をがっちりと握って、家庭にしっかりと君臨している……そんな「女の王道」を行くイメージになる。

CHを足してチホコにすると、華があって、なおかつ、ちゃっかりしっかりした感じ。「ちほちゃん」は、にこにこしてあちらこちらに可愛がられながら、あっというまにトップに上り詰めちゃうタイプ。トップに上がれば、トップにふさわしい華もある。実業家向きの名前なのである。

Rを足してリホコなら、一気に知性派になって、先生と呼ばれる職業が似合う。「監察医・黒川理保子の事件ファイル」なんてドラマ、いかにもクール・ビューティの女医さんが出てきそうではないか。

それにしても、それぞれイホコの先頭に、子音をほんの一音足しただけなのだ。名前の音というのは、こんなにもイメージに影響があるのである。

皆さんも、別に会ったこともない私を題材にしなくても、この「一字変更」でどれだけイメージが変わるか、ご自分の周囲の方でも有名人でもいいのでやってみていただきたい。たとえば「タナカマキコ」さんが「タナカマユコ」「タナカマミコ」だったら、あそこまで攻撃的なイメージが定着しただろうか（まあ、彼女の場合はしたのかもしれないが）。

しかし、他の「マキコ」さんはどうだろう。夫の反対を押し切って立候補したのは浜田マキ子さん、料理研究家として大活躍の藤野真紀子さん、女優の江角マキコさん、いずれも自己表現のしっかりした、社交的なイメージがある方ばかりだ。

ちなみに、実際に分析してみると、「タナカマキコ」は、慈愛とパワーを併せ持つ国母のイメージで、六十代以上の熟年世代男女にとても受ける。角栄氏は、地方基盤の女性政治家として、なんとも得な名前を娘に与えたものだと感心する。

「イソノキリコ」さんといえば、やはりキビキビした利発な感じがする。キリコです、と名乗った後には、利発の続きみたいで毒舌も言い易い。これが「イソノキミコ」さんだったらどうだろう。キミコです、と名乗れば、聞いた人は自然に女らしい甘さを期待する。甘さを期待させた後の毒舌はきつい。エンターテインメントの域を超えてしまうので言いにくい。イソノキリコさんが、名前をキミコに変えたなら、ご本人の芸風も変わるはずである。

私の大好きな岡野玲子さんのベストセラーコミック『陰陽師《おんみようじ》』の安倍晴明のセリフに、「この世で一番短い呪《しゅ》とは……名だよ」というのがある。呪は、相手の思いや行為に何らかの縛りをかける術《すべ》である。名は、その名を与えられた者を生まれたときから縛っている呪なのだと、岡野・晴明は言うのだ。

私は、このセリフに深く感銘してしまった。名前の本質を見事に言い当てている。

優しくたおやかな名を付けられた女は、優しくたおやかな女でいることの縛りをかけられているのだ。ユリコは、マキコほど大胆なことはできないし、キリコほど毒舌家にもなれない。ユリコという名前の音が、やんわりと、彼女を縛っているのである。

ことばの本質

文字列を見ても聴覚野が活性化するということは、私たちがことばを味わう際に、ことばの音の効果が意外に大きいことを表している。

人間の脳のことばの入出力デバイス（経路）は、「聞く」「見る」「話す」「書く」の四通り。視覚野が処理すれば済むはずの「見る」「書く」においても聴覚野が活性化する事実は、ことばの音の重要性を示す証拠になる。

もちろん、聴覚野や視覚野の情報は脳の中のより高度な処理をするところ（高次統合野）に上げられて意味計算が行われるのであるから、四通りの入出力デバイスを通ったすべての情報は意味と不可分である。しかしながら、だからといって、名前においてもっとも大事なのが意味だということにはならない。

たとえば美子《よしこ》と呼ばれる度に、美人のイメージが湧くわけではないし、「美しい子になりますように」という両親の気持ちが浮かぶわけでもない。名を呼ばれる度に脳の中で与えられる意味は、「自分を呼ぶ記号である」という符丁に過ぎない。姑《しゅうとめ》に「ヨシコさん」と呼ばれれば、反射的にそちらを向いて立ち上がる。それだけの意味しかない。

一方、ヨシコということばの音は、柔らかくて清らかな光をイメージさせる力を持っている。ヨシコと呼ばれれば、その女らしい清潔感がヨシコさんを照らし、名前の持ち主を心地よく緊張させる。その影響力はいわゆる意味よりも、常にこの名前に付きまとう。だからヨシコさんは、その縛りのお陰で自堕落な女ではいられない。姑に「ヨシコさん」と呼ばれたら、背筋が伸びるはずである。

一方、イホコはのほほんとした名前なので、姑に「イホコさん」と言われても、ヨシコさんほどの効果はない。私がよく出来た嫁になれなかったのは、名前のせいに違いない。惜しいことである。

このように、命名の意味（「美しい子になるように、美子」）は、誰かに名前の意味を問われて答えたときか、よほどしみじみと名前を書いたときに脳に発生する感性効果であるといえる。美子さんの場合は字と意味が直結しているので、見たり書いたりする度に潜在意識に効果があるかもしれないが、少なくとも、音で聞いたときに、視覚野が「美子」の字面を見たように活性化するというわけにはいかない。

これに対し、見ただけでさえ聴覚野が活性化する私たちの脳では、「ことばの音」の効果は、意味と文字を押さえてダントツ一位なのである。ことばの音が、ことばの本質であると言っても過言ではないと思う。私が、ことばの三要素（意味、文字、音）のうち、音に固執する理由はここにある。

文字のイメージ

もちろん、ことばのイメージというのは、三要素を統合して感じているものだ。音がわかれば意味と文字は無用、と言うつもりは毛頭ない。ただ、意味は、考えればわかる（調べればわかる）。文字も、たいてい書けばわかる。

ミリオンセラーになった養老先生の『バカの壁』は、『馬鹿の壁』でも『ばかの壁』でもありえない。カタカナ表記には、「これは知的なお遊びだからね」というお約束が入っている。「記号として、軽やかな客観性でバカを語ろう」と、タイトルが話しかけてくれているのだ。漢字のように深刻にならず、ひらがなのようにべたつかず、クールで都会的なのである。

「言葉」も、「ことば」とするか、「コトバ」とするかで、ずいぶんと感じが変わってくる。私は、語の情緒性に着目したいときはあえて「ことば」を使う。コンピュータの自然言語処理などで、記号としての語を扱うときには「コトバ」を使う。手紙では「お言葉、嬉しく拝見し」だ。

こう解説すると何か難しいことのようだが、口に出さなくても、大方の日本人は同じように感じている。あなたが今日の夕方立ち寄った書店のラックに『ことば論』と『コトバ論』が並んでいたら、本の表紙を開かなくてもわかることがあると思う。前者は言葉の精神性について語っていて著者の主観が入るもの、後者は言葉の記号性について語っていて著者は客観性を貫こうとしているもの、と感じるのではないだろうか。あるいは、前者は正統派の日本語論で、後者はシニカルな遊び感覚と見るか……。いずれにしても、逆の方はいないと思う。

このようなことばのビジュアル性（文字やそのデザイン）については、専門家たちが既にたくさんのセオリーを持っている。目で見えるものは客観視しやすいので、論議のテーブルにも乗せやすい。

しかしながら、音のイメージは、従来、意味や文字のようには客観視できなかったテーマなのである。ネーミングの現場で「こちらの方が音的に華やかな感じ」「キレが良いよね」などという意見は交わされても、なぜそうなのか、どれくらいそうなのかを語るデータを持たない。

見えないから、見てみたい。その上、ことばの本質に一番近い要素、それがことばの音である。私は、音のイメージだけを炙《あぶ》り出す、そんな手法を見つけたいと思った。闇夜に発熱体だけを浮かび上がらせる赤外線カメラのように——。

第2章　サブリミナル・インプレッションの力

ものの音と脳

疑り深い方は、「音のイメージっていっても、コジツケだろう」とまだ思われているかもしれない。何だかんだいったって、ことばで重要なのは「意味」であって「音」ではないはずだ、と。

ここでもう少し脳と音について考えてみよう。私たちの脳は、ことば以外にも、多くの音にさらされて生きている。

ものの音は、そのかたちや動き、素材などの物理情報を、正確に私たちの脳に知らせてくれる。たとえば、ワイングラスと、陶器の抹茶茶碗を金属製のマドラーで軽く叩いたら、誰でも目をつぶって聞き分けることができるはずである。同じガラス素材でも、丸いワイングラスと細長いシャンパングラスは、ほとんどの人が聞き分けられると思う。おそらくガラスを見たことのない人々でも、繊細な江戸風鈴を見て、岩石の音を想像することなどありえない。

思い返して欲しい。人生の中で、想像を超える音というのを聞いたことがあるだろうか？　ときに見た目と違った音に出会っても、触ったり持ち上げたりすれば、必ず納得してきたはずである。映画で描かれる、見たことのない世界の、見たこともない扉が開く音にも、私たちは洋の東西を越えて共通の納得を得る。

すなわち、この世のものは、すべて私たちの脳にとって「それらしい」音をしているのである。言い換えれば、脳が、聴覚以外で収集したものの情報、素材やかたちや動きなどを正確に聴覚情報と結びつけて展開できる証拠である。異国の作り手が作った実際に経験したことのない仮想世界の音であっても、作り手と楽しむ者の間に大きな断絶がないところからすると、生まれてからの生活経験で獲得した機能というよりは、脳に生れつき備わっている機能であるといえよう。

このように、物体の出す音と、その音から私たちの脳がイメージする素材感やかたちとの間には密接な関係がある。そしてそのイメージは、脳の個体差とはほとんど関係がない、普遍的なものなのである。

音の共鳴体としての身体

ことばの音の共鳴体は、私たち人間の身体自体である。コップやマドラーのように身体の外部に存在しないのでわかりにくいが、「ことばの音」もまた、肉体という「物体」の音に他ならない。

たとえば、H音を出すとき、私たちは、舌の付け根周辺をほっこりと開ける。そうして、気管から出てくる息を、溜めたり擦《こす》ったりせずにそのまま口元に運ぶので、温かい息がそのまま唇を通過する。

H音を聞くとき、私たちは、この喉の開閉の動作（かたち）と、息の温かさ（素材）を無意識のうちに感じるのである。

喉の開閉と息の温かさは、ふんわり包まれて解けるような、包容力と開放感のイメージを作り出している。うちの息子が、ハハは呑気であったかいといったのは、このH音の効果なのである。ヒナノ、ハナ……H音で始まる女性の名前がふんわりして温かく感じられるのも、H音の効果によるところが大きい。

また、S音は、舌の上を滑らせた息を、歯茎と歯に当てて乱気流を起こすことによって出している。いわば、口腔内で起こす「風の音」だ。舌を滑らす息には、適度な湿り気が与えられている。したがって、S音を発声したとき、私たちの脳裏には、爽やかな風が吹き抜けるのである。息が舌を滑るイメージは、摩擦の少なさを喚起させ、ものごとがスムーズに進むイメージにつながる。歯で起こる息と唾の乱気流は、光や水蒸気の拡散のイメージだ。ちょうど、レモンを絞ったときのシュワッと弾ける果汁に似ている。

このように、「ことばの音」は肉体という物体が出す音であり、肉体に起こる物理現象なのだ。耳に聞こえてくる音に加えて、喉や唇の力加減、息の流れ、唾の混じり方・飛び方などの物理効果によって、私たちの脳には、爽やかな風の印象や、温かな開放感などが与えられる。

脳のすぐ近くで起こることばの音の物理現象は、その絶対値はささやかであっても、印象は強い。なぜなら私たちは、ことばの音を発声するとき、発音体であり共鳴体であり感応者でもあるからだ。外部の物理現象に感応する場合の何倍もの印象の質が脳には与えられている。

もちろん、他人の発音を聞いたり、文字を読んだりするだけでも、私たちはその体内物理効果を想起する。

つまり、自分がそのことばを発声したときと同じように脳が反応するのである。生まれてこの方、無数に発声してきたことばの音である。言語脳完成期といわれる八歳を越えれば、何も自分で発音するほどのこともない。

こうして、ことばの音を見、聞き、発しながら、私たちはSに爽やかさを感じ、Tに確かさを感じ、Hで開放され、Nで慰撫され、Kで鼓舞されている。日頃、あまりに自然なので意識していないが、人間にとってことばの音を発するという行為はなんとも心地よい物理現象なのである。

そして、その物理現象は人類普遍の生理感覚に直結している。S音の発音時に起こる物理現象は、風であって、岩ではありえない。舌の上を滑る息は、ものごとがスムーズに運ぶイメージであり、停滞したりゴツゴツひっかかったりするイメージに帰結することはありえない。江戸風鈴の薄いガラスを見て岩石を想像する人類がいないように、S音に、硬く動かないイメージを髣髴とさせる人類もいないのである。

あなたがもしもダミ声の持ち主であっても、あなたの発するS音も風を起こす。風が起これば、スムーズですっきりしている。S音を少し大げさに発音する男（仕事で英語を使う人たちは、日常の日本語でもそうなることが多い）は、「実力」以上に、若い女たちには颯爽《さつそう》としてスマートに見えている。

この章の始めに「ことばの音？　意味以上の意味がある？　なんじゃそりゃ」と笑っていた方も、ことばの音は意外に重要な「脳の出来事」で、人類共通普遍の感性に直結しているというのは、おわかりいただけたのではないだろうか。

繰り返して強調しておこう。意味とは関係なく、ことばの音は、直接脳に語りかける。そしてそれは人類に普遍的なもののはずである。これが私の仮説の原点である。

脳に響く音

ことばの音を、単に聴覚情報としてではなく、脳のすぐ近くで起こる物理現象として捉える。そう考えると、ことばの音が意外に大きな印象を脳に与えていることがおわかりになるのではないか。また物理現象として精査すれば、今日まで主観でしか語られなかったことばの感性（語感）を客観視できる。

つまり、このことは、「ことばの音が意味に先んじて潜在脳を牛耳《ぎゆうじ》っていて、その感性には人類共通普遍の仕組みがある」という仮説を証明する手がかりになるのである。

「ことばの音」とイメージに関する考察をもう少し広げよう。

H音と似ているF音は、息の音の一部を唇に当てて震わせることによって強調しているため、喉の奥をHほどしっかり開けない（開けなくても済んでいる）。このため、Hのようなはっきりとした包容感ではなく、もう少し拡散したイメージ、すなわち、ふんわりとして霧散してゆく非現実感のイメージを私たちの脳に与えるのである。

ファンタジー、ファン、ファンタスティック……私たち日本人が、あえて日本語に置き換えないで使っているこれらのカタカナ語の意味には、拡散あるいは非現実（非日常）のイメージを持っているものが多い。「ファンタジー」を「おとぎ話」に置き換えられないのは、このF音の魔法が消えてしまうからなのだ。

私たちは、外国語がカッコイイからという理由で無闇にカタカナ語を使っているわけではない。その証拠に、「詩」は「ポエム」には置き換わらない。「手紙」は「レター」に置き換わらない。恣意的にカタカナ語を使うことがあっても、通常は自然に日本語の方を使用している。

「ことばの音」の定義

このF音、息の音の一部を唇に当てて震わせると表現したが、逆の見方をすれば、すべての息を両唇に当てて震わせてしまえばBになるところを、半端にした動作の産物ともいえる。

日本語人（母語が日本語である人）は、両唇を脱力し半端に震わせて作る。一方、英語人は下唇を軽くかんで開放する動作によって、下唇だけを震わせて作り出す。構造的にはこの二つ、まったく違う動作になるが（はっきり言って、見た目は英語人の方がカッコイイ）、「唇を半端に震わす」という目的は一緒。したがって、イメージ効果も共通である。

このように、ことばを使う民族の癖や、口角周辺の筋肉の特徴等によって、音の出し方に若干の違いが生じることがあるが、私は、生理的な発音構造ではなく、物理的効果に注目している。したがって、F音のように、日本語圏と英語圏で発音構造が違っても、同じ「ことばの音」とみなすものもある。

すなわち、人間のからだを音の共鳴体と考えたときに、ある物理的な効果をもたらす音の単位が「ことばの音」である。

最小単位の「ことばの音」は音素（アルファベットの一文字にほぼ相当）となるが、拍（ka, me などの日本語の一文字単位）や音素並びでしか表出しない物理効果もあり、その場合の「ことばの音」は、拍や、言語学でシラブルと呼ばれる音素並びで一塊《ひとかたまり》、一単位となる。つまり、「ことばの音」の値は、a, b, c…k, l, m,…ka, ki, ku, ke, ko… のようになる。

言語学的な分類に慣れた方には、データの粒の不揃いが気になるかもしれないが、あくまでも「音の共鳴体の物理効果」として「脳のイメージ」を起こす塊を一単位として捉えているので、納得していただきたい。

「右脳で聴く」ということ

では、「脳のイメージ」は、脳のどこに、どんなふうに現れるのだろうか。

私たちは、「ファンタジー」ということばを使うとき、これが、魔法や妖精の登場する、時空を超越した文学の総称であることを認識している。童話と違うところは、完全なる世界観の創生が目的になっている点であり、何冊にもわたる「大河ドラマ」になることがほとんどである。古典の名作『指輪物語』から、現在進行中の『ハリー・ポッター』に至るまで、なぜか、英国の作家が大活躍のフィールドだ。

ファンタジーのファンであれば、以上の「意味」を脳で「考え」て、ちゃんと語ることが出来る。

だが、ファンタジーのFaにはふんわりした放射拡散のイメージ（まさに妖精の光の粉がふんわりと散るようなイメージ）が色濃くあり、その文学スタイルを体現しているため、日本語の「おとぎ話」に置き換えると違和感がある、ということは、そう言われればなるほどと思っても、通常は「考え」ても出てこない。

なぜなら、Faが非現実感のシャワーを浴びせかけるのは、私たちの潜在意識に対してだからである。

大脳に「感じる半球（右脳）」と「考える半球（左脳）」があることは既に述べたが、ここでもう少し詳しく述べておきたい。

右脳は、感性やイメージを担当している半球で、音楽や絵画に感応するときのような、ことばにならない非言語的な情報、記号にならないアナログ情報を認識していると言われている。非言語的、非記号的であるため、意識とは直結していないとされ、劣位半球とも呼ばれる。

一方、左脳は、意識に直結した処理を一手に引き受けている半球だ。情報を記号化し、演算し、時間軸に積み上げて合理的に処理している。たとえば会話は、記号化されたコトバの演算だ。会話において、コトバを紡ぎだしているのはこちらの半球なのである。意識に直結した入出力を担っているので、大変よく働いているように見えて、優位半球と呼ばれている。

左脳が破壊されると、破壊された箇所に応じて言語障害が生じることは、既によく知られた事実である。破壊された箇所が同じなら、同じ障害が現れる。右脳の場合は、破損箇所と障害の関係があいまいで、左脳のように明確には機能箇所が特定できない。このため、左脳は言語能力に直接的に寄与している半球とされ、言語優位脳あるいは言語脳とも呼ばれている。

しかし、だからといって、右脳がいっさい言語能力に関与していないわけではない。ヒトの言語能力には、「話す」「書く」という「ことばを紡ぎだす能力」と、「文章を読解する」「話し言葉を理解する」という「ことばを認識する能力」とがある。左脳は、これらのすべての能力を有し、右脳に対してすべてを優先的に機能させている。

一方、右脳には、話す、書くということばを紡ぎだす能力はない。しかし、文章読解と対話理解が可能であること、つまりことばを認識する側の能力があることは確かめられている。

すなわち、左脳は言語を意識的に扱う脳であり、ことばを紡ぎだすことも認識することも両方とも優先的に行っている。右脳は、左脳の陰に隠れているが、ことばの認識に関しては、何らかの能力を有しているのである。右脳が、音楽や美術などの記号化できない要素に感応する感性の半球であることを勘案すれば、ことばには、意識的に扱う意味とはまた別の、感性の認識が伴っているということになる。

潜在脳のイメージ

「感じる脳半球（右脳）」のことを「潜在脳」とも呼ぶ。左脳が、記号化されたコトバ（意味）を認識・演算している陰で、右脳は、この処理とは別の系としてことばを認識し、密かに反応している。

右脳で起こっていることは、脳の持ち主の顕在意識（左脳の処理空間）に、そのままのかたちでは上がってこない。そのため私たちは、この「脳の秘め事」に普段は気付かずに暮らしている。「ファンタジー」のふんわりした放射拡散イメージは、右脳の持ち主も意識してはいないのだ。しかし、その音から浮かぶ「ふんわり」というイメージは潜在脳には浮かんでいるのである。

だからこそ、ファンタジーに代わる日本語は定着しなかった。大多数の人にとっては、空想大河物語という文学スタイルを指すファンタジーということばの響きは、その意味、内容にマッチしていた。気持ちよくて、知らず知らずに使ってしまう響きを持っていたのである。

顕在脳（左脳）が認識しないのに、潜在脳が密かに認識しているもの。それらはやがて、無意識の行動に影響を与える。それも、個人というより大衆という大きな単位に影響を与えるのである。

この世の現象、すなわち脳の入力情報には、そのような類《たぐい》のものがある。ことばの音は、その潜在脳認識を喚起する、最も有力な入力情報である。

したがって、「ことばの音が潜在脳に描くイメージ」とは、右脳の感応空間に起こる、密かな認識そのものを指す。顕在意識で理解していただくために、あえて「イメージ」ということばを使い、形容詞や状態を表すことば（イメージ語）を駆使して表現しているが、本来は、記号的なコトバでは表現しきれない、五感のすべてを駆使して感じ取るべき「脳の秘め事」なのだ。

私の考案したイメージ分析法では、現在、この「脳の秘め事」を十六のイメージ語を軸にしたレーダーチャートで表現しているが、出来ることならば本当は、皮膚感までをも再現するバーチャル・リアリティの空間で表現したいくらいなのである。

サブリミナル・インプレッションとクオリア

このような、ことばの音から潜在脳に浮かぶイメージを、サブリミナル・インプレッションと呼ぶことにする。subliminal（意識下、潜在意識、閾下《いきか》）とimpression（印象）を合体させた私の造語である。

実は、ことばの音単体のサブリミナル・インプレッションは、認知科学で「クオリア」と呼ばれるものに相当する。子音、母音の組み合わせで単語が構成されるのと同様に、それぞれの音のクオリアが組み合わさってひとつのサブリミナル・インプレッションは形成される。

クオリアとは、五感を通じて脳に入力される知覚情報が脳に描く印象の質のことである。たとえば、ピアノのミの音を聴いて感じる印象の質や、ヴァイオリンのG線の音を聴いて感じる印象の質、トマトの赤を見たときの印象の質、レモンの匂いを嗅いだときの印象の質など、聴覚や視覚から脳に浮かぶイメージのこと、といえばいいだろうか（かなり大雑把ですが）。

認識の最初、非常に主観的な領域で起こるクオリアは、ことばで正確に表すのは難しい。たとえば、和音のドミソは明るく前向きな感じ、レファラは、ちょっと気だるい心地よさ……というのは、私の主観で捉えた二つの和音のクオリアである。ドミソはビビッド・トーン（鮮やかな色の組み合わせ）、レファラはペール・トーン（淡灰色系の色重ね）と表現する人もいる。ドミソは安心、レファラは不安、と言う人もいる。

このように、同じ物理的特質（音程などは周波数で客観表現できる）を、主観という「鏡」に映したのがクオリアである。おそらく、ドミソとレファラの違いは、多くの人間が同じように感じているのだが、その違いを「総括的に正しく表現しなさい」と言われると難しい。なのに、「あなたはドミソのイメージで、彼女はレファラのイメージなんだ。彼女の方が放っておけない」というセリフ、なんとなく、納得しませんか？

「トマト・レッドの鮮やかさ」、「レモン・フレーバーの鮮烈さ」。ここにおける、鮮やかさも鮮烈さも、抽象度の高いあいまいな形容詞であり、トマトやレモンのすべてを語っているわけではないのだが、トマトの赤やレモンの香りを知っている人間同士なら、「うん、そうそう」と言える共通の何かがある。

このような、明文化（総括表現）はしにくいが、「ああ、あの感じ」と共感できるイメージの素《もと》（印象の質、意識の質）がクオリアなのである。

そして、楽器の音や色や匂いと同じように、子音Hを聴いて感じる印象の質、母音oを聴いて感じる印象の質もクオリアなのであるというのが、私の説の前提である。

たとえば、「星」ということばをささやかれたとき、私たちの脳には、子音Hを聴いたときのクオリア、母音oを聴いたときのクオリア、子音SHを聴いたときのクオリア、母音iを聴いたときのクオリアという、四つのクオリアすなわち印象の質が生じている。拍Ho-SHiは、それぞれ子音＋母音の二つのクオリアの響き合いだ。音楽でいえば和音にあたる。Ho→SHiの二拍は、明らかに時系列の流れを作っており、音楽で言えばメロディにあたる。

ピアノとヴァイオリンの単音（のクオリア）がハーモニーを作り、その時系列の流れがメロディを作り、結果、美しいアンサンブル音楽として私たちの心を打つように、ことばは、ことばの音単体のクオリアのハーモニーとメロディで出来上がる、美しい複合印象なのである。クオリア論からいえば、ことばはこの世で一番短い音楽なのだ。

したがって、サブリミナル・インプレッションを正確に表現するなら、「ことばの音のクオリアによる、音楽に似た複合演算の結果もたらされる脳のイメージ」である、と言い換えることも出来る。

もちろん、サブリミナル・インプレッションを誘発する因子は、音だけではない。前述の通り、書き言葉であれば、文字の色・かたち、一行の文字数、各段落の文字量、縦書きか横書きかなども、それぞれに印象の質＝クオリアを持つ。話し言葉であれば、話し手の声や抑揚にも印象の質＝クオリアが存在する。

商用のことばであれば、このようなビジュアルや音声のクオリアを無視することは出来ないだろう。音楽の奏者が美しいのかそうでないのか、楽器が名器なのかそうでないのかもまた、音楽の価値（演奏会のチケット代）に影響が出るのと同じように。

とはいえ、奏者や楽器は、モーツァルトやバッハの曲の本質を決定するものではない。誰が演奏しても、モーツァルトは饒舌《じょうぜつ》で情緒に溢れているし、バッハは厳格にして荘厳である。

先に述べたように、ことばの音のサブリミナル・インプレッションは音楽そのもの、すなわち楽譜に相当する。

したがって、ことばの音がことばの印象のすべてであるとは言わないが、その本質を見極めるのには十分であると、私は確信している。ましてや、長く使われることばであれば、ときどきの話し手や文字の印象の違いなど問題にならない。

「マニフェスト」の甘さ

二〇〇三年の衆議院選で流行語になった「マニフェスト」(manifesto 宣誓書、声明書)には、F音が入っている。そう、あの「ふんわりした」「ものごとを霧散させて非現実にしてしまう」サブリミナル・インプレッションを持つこのF音である。

私自身はこのカタカナ語を採用した政党を信用することが出来なかった。それは、主にF音のためだったのだと思う。すっきり政党公約と呼べば、信頼のS音と清潔なK音が、その覚悟の程を知らせてくれる。意味だって、日本語の方が明確だ。なのに、あえて「マニフェスト」を使った。奇をてらってカッコつけた以上の何かを感じずにはいられない。

使い手の潜在意識には、「マニフェスト」なら「霧散して非現実になっても許してくれる」という甘えがあったのではないだろうか？　なぜなら、F音に先んじて私たちの脳に届くM音は、幼児がおっぱいを含む時の音、つまり非常に女性的な音なのである。それに続くN音も肌の密着感を表し、同様の性質を持っている。

「おねぇさまぁ、ボクのお約束は、ちょっと守れないかもしれない」という声が聞こえるようだ。政情は時々刻々変わるのだから、そもそも公約履行のかたちにはある程度幅があるものだと思っている。だから、そのことは責めまい。ただ、私はこのことば、最もオトナであるべき為政者の幼児性を感じて、とても気色が悪かった。このことは、公約不履行なんかよりも、なぜか断じて許せないような気がするのだ。最近、世界中の政治家が、幼児性丸出しの坊やに見えて仕方ないのだけど、これって、私が年をとったからなのだろうか。

第3章　鍵は擬音・擬態語

言語学から脳へ

ことばの音と人間の生理の関係を解明するための手法をどこに求めるか。これが意外に難題だった。そして結局、従来の学問の方法だけではどうにもならなくなったので、私は自分でイメージ分析の手法を生み出すことになったのである。本章では、私自身のサブリミナル・インプレッション解明に至る道をご説明したい。

ことばについての学問といえばまずは言語学を外すわけにはいかない。しかし、言語学はサブリミナル・インプレッションの分析には有効ではなかった。

なぜならば伝統的な言語学には、ことばの音の情緒感についての、意味とまったく切り離した考察を見出すことが出来なかったからだ。どうしても意味偏重の傾向から逃れられないのである。

これは無理も無いことで、伝統的な言語学の大目的は、言語の系譜を明らかにすること、すなわち、語族の系統樹を作り上げることにある。

研究対象の言語の構造を解明し、比較言語学によって系譜をたどり、その民族がどこからやってきたのかを解明する。その積み重ねによって、世界の言語地図を描く。そして大本の言語は何かを探し出す。知の進化を探る上では、重要な考察であることは間違いない。

しかし、このアプローチでは、異なる言語間で類似した音素並び（シラブル）と意味の関係が有効数見つかったとしても、そこから人間の生理について考えることはない。別の言語で似た語が発見された場合、その理由は、それぞれの民族が交流していたからではないか、と考えるのである。これでは、私の目指すサブリミナル・インプレッションの解明には役立たない。

脳科学のスタンスで考えるならば、世界の知の地図は少し違う見え方をする。

人間の脳は、生存可能性を増やす環境に、より心地よさを感じるように出来ている。温かく適度に乾いた清潔な住環境に、美しい水とバランスの良い食事。好意的に受け入れられる人間関係と、その系に貢献しているという充実感。

このような生理に即した感性は基本的に人類全般に共通していると言ってよい。「水だけは汚いほうが気持ちいい」という民族は存在しないのだ。それは本能と結びついているのだから。

そして、音から脳が感じる心地よさの色合いに即してことばが出来上がっていったとするならば、まったく交流のない民族に、同じ音素並びと意味の関係が生じても不思議ではない。さらに、現象の認識単位がことばの単位につながり、現象同士の関係性が文法構造につながるならば、別々の民族が似たような文法構造を編み出してもなんら不思議ではないのである。

逆に言えば、地球上の広範囲に時空を超えてことばの共通点が存在するならば、その共通点は、脳のプリミティブな認識単位を示してくれている可能性がある。このため、私自身は、言語を超えたことばの共通点にはとても興奮するが、語族のくくりや、そこから推測される民族の有史前の動きにはまったく関心がない。

もちろん、脳の共通点をはるかに超えて似ている言語同士をきちんと似ていると判断し、有史以前の先祖の交流を想像することは、重要である。言語学そのものを否定するつもりはまったくない。

しかし、脳の研究者は、やはり、どうしても言語を超えた人類普遍の共通性を探したがることになる。当然、比較分類することが使命である言語学者とはスタンスが正反対になる。

脳科学から言語へ

このように、言語学から脳へのアプローチは進んでいるとは言いがたい。では、逆に脳生理学や脳科学のほうからことばへのアプローチはどうだろうか。脳生理学や脳科学の研究者たちの中には、脳の立場からことばへのアプローチを試みる者も少なくない（「脳生理学」は医学上の見地からの脳の研究分野、「脳科学」は人工知能など広範囲の工学・科学応用の見地からの脳の研究分野）。

ことばは、高次の統合的な機構を働かさなくてはならない、脳にとっては最も難解な入力イベントなので、脳の複雑な機能を解明する道具として有効なのである。言語モデルが、脳の認識モデルに大きな影響を与えていることも、脳生理学者たちが発見した事実の一つだ。すなわち、使用言語による脳の機能構造の違いである。

余談だが、言語障害の中に、書き言葉すなわち文字を理解できなくなるケースがある。この障害、アルファベット表記の母国語を持つ人の場合は症状が大きく一種類（読めるか読めないか）だけだが、日本語人の場合は、脳障害の場所に応じて、漢字だけ理解不能、カナだけ理解不能、漢字の意味はわかるのに読みがわからないなど、症状が多岐にわたるそうである。私たち日本語人が、書き言葉を理解するのに、どれだけ高度な情報処理をしているかがよくわかる。

ということは、私たち日本語人の脳では、「バカ」「ばか」「馬鹿」は、微妙に違う場所で認識されていることになる。怒らせちゃった彼女のメールが「バカ」だったら、真摯《しん し》に頭を下げよう。彼女は意外に冷静で、一人の人間として友情で怒っている。原因をちゃんと究明して、今後の方針もきちんと表明したほうがよさそうだ。

彼女のメールが「ばか」だったら、案じることはない、ただ抱きしめてあげればいい。彼女は女心で怒っているのだから、原因究明も方針演説もかえって白けさせることになる。「馬鹿」だったら、潔くあきらめた方がいいかもしれない。女は徹底的に見下げたときしか、この表記は使わない。

私たちの脳が、ことばにどのように反応しているか。この研究は、ヒトの知性の解明に大きな進歩をもたらしている。脳の機能構造を知って生きるということと、知らずに生きるということ。人生の豊かさに、大いに影響があると思う。大人の男たちが不可解だと思って手を焼いている女の不機嫌なんか、脳科学で簡単に説明できる（義務教育の最後に、脳科学から見た人間関係の作り方を教えるべきではないだろうか？）。

生理学的な観察で機能が解明できるのは、実は脳が、素人が思うほどには個人差のない器官だからだ。同じ母語を持つ人間で、脳の壊れた場所が同じなら、言語機能の失い方も同じなのである。東大生の脳と、中学で勉学を放棄したコギャルの脳に、その社会的地位ほどの機能差なんかない。

このことは、ことばに人類共通のイメージを見出せるに違いないという、サブリミナル・インプレッション研究の基本スタンスを肯定してくれてはいる。しかしながら、「では、K音を聴いた脳には何が起こるの？」という疑問に、具体的な答をくれるわけではない。

脳を解剖したり、脳に電極を付けたり、病理（機能障害）の観察をしたり……という研究は、ことばのデリケートな感性を追求するには、考察の目が粗すぎるのだ。現在の技術では、甘いことばをささやかれて、脳のある場所が活性化することがわかっても、脳に描かれるイメージの質感を、私たちは見ることはできない。

このように、ことばと脳の関係性について、脳生理学の側から掘り進んでも、なかなかトンネルは開通しそうになかったのである。

感性工学から言語へ

言語学でも脳科学でも駄目、となるとどうなるか。その中間のスタンスで、ヒトの感性を解明するために、ことばを見つめる研究者の一群もいる。人工知能、感性工学、認知科学のフィールドの研究者たちだ。

私自身もこの分野にいた。一九九〇年頃に所属していたコンピューターメーカーの感性工学研究室では、擬音・擬態語から、ヒトの感性を客観的・総括的に表現する試みに挑戦していた。

たとえば、日本語人なら誰でも、「お腹がシクシク痛い」と「お腹がキリキリ痛い」の差がわかる。家族にそう訴えられたら、前者ならお腹を温めて様子を見ても、後者なら救急病院を調べるか、救急車を呼ぼうとするだろう。

「洋子は、扉をトントンと叩いた」と「洋子は、扉をドンドンと叩いた」では、どちらが急を要していたか、どちらの洋子がパニックに近かったのか、日本人同士なら説明するまでもない。猫がじゃれる毛糸玉はコロコロ転がり、運動会の大玉はゴロゴロ転がる。雪はシンシンと降り、太陽はサンサンと降り注ぐ。

私たちは、その意味の違いを国語の時間に習った覚えはないが、誰もが、意味を知らされずに感性で使っているのである。さらに、その意味を説明せよと言われたら、日ごろ作文の苦手な人でも、意外に多くのことをしゃべることができる。

したがって、擬音・擬態語は感性の「パッケージ製品」であって、ときほぐしてみれば、感性の宝庫ともいえるのである。

感性の質を解明するために、感性のつまったことばを研究対象とする。この方法は、感性工学や認知科学からのことばへのアプローチとしては、ある意味で典型的といえる。ただし、このフィールドでは、ことばを素材にした感性研究は、ことばの解明のために行われていたわけではなかった。

すなわち、ここで解明されるクオリアは、クオリアを起こす状況とセットで整理され、ことばの音とセットにして整理されたわけではなかった。クオリア研究は、言語化できない主観の客観表現追求が目的であり、いっそ言語から離れたところ、たとえば工学で扱う五感の制御などへと帰結されたのだ。

主観的な意識の質を客観的に扱う尺度を持つということは、もちろん、興味深い研究である。クオリアは心の言語であり、世界共通の表現語になりうる。たとえば、日本人の侘《わ》び寂《さ》びをクオリアに変換してバーチャル・リアリティで表現してやったら、外国人にも理解できるかもしれない。クオリアを映すカメラがあったなら、ことば少なな恋人の、だけど満ち足りている気持ちが薄桃色のオーラになって映るかもしれない。

けれど、そのような言語化できないクオリアは、工学で語ってもつまらないような気がする。言語化できないクオリアは、音楽やアートのようなメディアに表徴的に表出されて、人から人へ伝えられるべきものではないだろうか。

クオリアの科学的価値は、私から見たら一つだけだ。ことばのクオリア探しである。言語の傍にあって、言語化できない「ことばの匂い」。これが完全に客観化できたら、本当にすごい。人々の意識の質に気品を与えるブランド名や、安らぎを与える商品名が科学的に創出できる。それこそが、私の欲してきた研究なのである。

マーケティング論の視点

実は、ことばの音のクオリアに関する考察は、マーケティング分野には既に存在している。ネーミングの秘訣が書かれた本の中には、必ずことばの音のサブリミナル・インプレッションが扱われていると言っても過言ではない。ただし、そういう表現がされていないだけだ。

母音のａは明るくｏは暗い、ｉは強くｕは弱い、ｍやｎは女性市場に向き、濁音は男性市場に向く……などの「セオリー」は、ネーミングやコピーライティングの現場では、昔から言われてきたことだ。ことばに敏感なネーミングのプロたちは、独自の「ことば感性論」を展開し、素人から見たら、魔術師のように魅力的なことばを生み出している。

コピーライターの岩永嘉弘氏は、その著書『ネーミングの成功法則』（ＰＨＰ研究所）の中で、ことばの音の感性表を発表している。母音五音と代表的な子音の表情を一覧表にまとめているのだ。そのことばの音の感性表は、氏の稀有《けう》なセンスと長年の経験によって生み出された秀逸なものだ。そもそも、大衆の感性モデル（感性の枠組みを、他者が参照可能な表や属性などで表したもの）は、大衆の潜在意識にあるものを引き出す必要があるので、アンケートなどではらちがあかない。経験論で作るのであれば、一人の天才が直感的に作るしかないのである。

私が心酔する音相システム研究所の音相理論も、大和ことばの魅力を五十年来見つめてきた木通隆行《きどおし》氏の秀逸な感性によって作られた、ことばの音表情の感性モデルである。かつて電電公社の広報マンとして、ラジオドラマの脚本・プロデュースやコピーライトを手がけていた氏は、日本語の美しさが音の表情（音相）にあることに気づく。やがて日本語らしい表情を持つ千三百近い語から、音素と表情の関係を見出した。氏は、音素に強さや明るさの数値的尺度を与えており、語の音相を図表化することにも成功している。氏によって、日本語の美しさは、初めて目で確認できるかたちになった。その成果は瞠目《どうもく》に値する。

とはいえ、このような個人の天才的な直感力によって作られた感性モデルは、この感性表を応用する側に、それなりのことばのセンスが必要になる。また、感性モデルの微調整や追加が本人にしか出来ない点は、広範囲な応用の問題点になる。「個人の感性」が科学と呼ばれるようになるためには、やはり他者がそのモデルを簡便に改良できるだけの客観性が必要なのだ。

コンピュータによる自動分析が可能であること。その分析結果が一目瞭然の結果となって、会議のテーブルに乗せられること。そして、多くの人が、その分析結果を自分の感性に置き換えて吟味できること。私の目標はそこにある。万人が使える科学にするために、客観性のあることばの音のサブリミナル・インプレッション探しが出来ないか、ということである。

九千年のタイムトラベル／インド・ヨーロッパ祖語からの発見

客観性のあることばの音のクオリア探しの決定打は、意外なところにあった。その解決の糸口を鮮やかに見せてくれたのは、在野の言語学者、大和田洋一郎氏であった。

大和田氏は、その独自の視点を発表する学会が存在せず、市井で研究を続けてきた言語学者である。三十五年前、氏は、英語と漢語に同じ音と意味のセットがあるのに気がついた。

たとえば、「共通」commonや「共同体」communityの先頭のcomが、若き日の大和田氏は気になった。このcomは、漢語の「共」の発音に似ている。comと「共」は、世界のどこかでつながっているのではないか。

英語の語源辞書（研究社『英語語源辞典』）でcommonを引くと、この語は中期英語（一一〇〇―一五〇〇年）に初出の語で、古代フランス語comunから借り入れされている。元はラテン語の communem に由来する。ラテン語からはフランス語だけではなく、イタリア語 comune やスペイン語 común も派生している。

さらにラテン語以前、すべてのヨーロッパ語の祖先と言われるインド・ヨーロッパ祖語まで遡《さかのぼ》ると、〔komoini〕という音にたどり着く。このことばの基語の推定形は、〔kom〕である。基語とは、単語を構成している、意味を持つ最小の音韻単位だ。ここまでが、ヨーロッパ語の語源研究が見せてくれる com の源流である。

大和田氏は、このインド・ヨーロッパ祖語の音韻列〔kom〕が、インド語（古代ヴェーダ語、サンスクリット）に派生した後、仏教の経典などを乗り物にして、漢字キョウ「共」、ゴウ「合」、カン「咸（みな）」に封じ込められて、東洋の果て日本までやってきた足跡を丁寧にたどっている。

インド・ヨーロッパ祖語は、サンスクリットや古代ヴェーダ語などを含むインド語、ペルシャ語、ラテン語、ギリシャ語、ゲルマン語、スラブ語、イタリア語、フランス語、スペイン語、英語などなど、インドとヨーロッパ系のすべての言語の起源と言われる言語で、約九千年前、チベット高原辺りで使われていたとされる推定古語である。推定というのは、文字や文献などの明確な証拠が残っているわけではないからだ。比較言語学の手法によって、ヨーロッパ各地とインド周辺のことばを丁寧にたどってゆくと、すべては一つの地方と言語に集約されるのがほぼ確実であり、それがチベット高原とインド・ヨーロッパ祖語というわけなのである。

インド・ヨーロッパ祖語は西へと進化を続け、その旅の果ての言語が英語だというのは言語学上の常識である。大和田氏は、その一部の音韻が、梵語《ぼんご》から漢語に入り込み、東へ旅した可能性に気づいた。そして極西のアメリカ英語と、極東の日本語の中に祖語にあった音韻が今も息づいているのだ。そんなふうに、九千年後の一日本人が考えたのである。

大和田氏は、現在までに、約三百の漢印欧共通基語を発見している。三百といっても軽視は出来ない。共通基語から派生する漢字は、一基語に対し数個程度の漢字グループを形成している。共通基語から派生するヨーロッパ語も、同じようなグループを形成している。三百を核にして、東西の何千もの単語がつながっていることになる。

西の果ての単語グループと、東の果ての漢字グループ。この二グループががっちりとつながっていることは、ことばの音のクオリアを探し出すという見地から言えば、貴重な視点であった。遥かな時空を越えて残った音韻と意味の組み合わせは、そのことばの音のクオリアが実際の事象に適合していて、脳に心地よい組み合わせである可能性が高い。前述のコムcom、キョウ（共）、ゴウ（合）、カン（咸）は、すべて、喉を強く締めて発音するK由来の音、何らかの共通項をしっかりとくくったような意識の質を表しているように思える。

「培」「倍」「by」

では、この漢印欧共通基語からことばの音のクオリアを定義してみることにしよう。ここでは、B音を例に述べる。

B音を最もシンプルに生かした語beは、存在を表す動詞で、インド・ヨーロッパ祖語の推定基語は〔bheuə〕である（無理にカタカナ表記すればブフゥア、くらいになるだろうか）。ここから生まれた言葉には、big（大）、bi（双、複、重）、by（傍）などが挙げられる。大和田氏によれば、この音韻は、漢字の培、胚、孚《ふ》に直結し、倍、剖などにゆるやかに結びついている。

培は「増す、加える」の意。胚は双葉を孕《はら》んだ種、孚は親鳥がヒナを養う象《しょう》を表している。ちなみに、胚、孚の漢語の音声はハ行音ではなく破裂音系（BまたはP）であった。

倍は、「重ねる、増える」の意。解剖の剖は、ものを分けることで、やはり数が増えることを表す。面白いことに、数が増えるという意味では、「剖」は「倍」と同じ象でくくられるのである。

これらの漢欧語は、すべて先頭子音のB音が強く発音され、B音の印象が強い。一方、「培・倍・陪 bue は同声。音は花の子房のふくらむ形で、音声の字にみな増益・肥大の意がある」（白川静『字通』より）に代表されるように、この漢欧語グループの印象の質は、すべて増益・肥大・繁殖・繁栄であり、これから増えて大きくなってゆく象を表している。

したがって、漢印欧共通基語のグループから割り出されるB音のクオリアは、増大・増益・肥大・繁殖・繁栄を表すということができる。

日本語の場合は、B音が一部H音に転じており、H音にB音のクオリアが転写されている可能性はあるものの、B音自体は、よりふさわしいものに残っている感があり、かえってクオリアが色濃く読み取れるように思われる。

インド・ヨーロッパ祖語を源泉にして、世界をぐるりと取り巻く共通の音韻が数多くあるということは、ことばの音には人類共通のイメージ傾向があるということにつながる。当然、そのイメージは、発音の生理構造にごく自然に帰属している。おそらく社会構造も人間関係も非常にシンプルだった九千年前の古代語においては、ことばは何も複雑な技巧ではなく、まったくシンプルな感情表出だったのである。そこで、発音の生理構造に立ち戻り、そこから検証できることを探し出すことにした。

先ほどのB音は、閉じた唇から溜めた息を放出させ、両唇を震わせて出す音である。発音直前の溜めた息が唇を膨らますので、私たちの脳には、まず、膨張の印象が強くもたらされる。「膨張」のボウは、まさに膨張のイメージとシンクロする音だ。Bに続く二重母音ouが、膨張した唇の膨張感を逃さないのである。これに対し、Bに続くのがaだと、次に来る息の放出の方が強く印象に残ることになる。

膨張の次に来る放出は、私たちの脳に力強さ、すなわちパワーや迫力を感じさせる。次に両唇が振動するので、繰り返しの生理イメージがあり、分裂や増大する印象が残る。

さらに、息を溜めて放出させるB音は唾も飛ぶ。湿度感、粘性も比較的高く感じられる音だ。さらに唾が飛び散るイメージからくる賑やかさのクオリア、うるささのクオリアも、この音の特徴だ。

両唇を震わせるこの音は、乳児や、まだまだおっぱいの恋しい口唇期の幼児には、ものすごく気持ち良い音である。

さらに、膨張＋放出のイメージは、性欲の嵐にさらされている十代から二十代の男子を興奮させる。それ以上の、オトナの制御が利くようになった世代でも、基本的に男性の嫌いな音じゃないのである。

膨張＋放出＋振動は、まさに男性側から見た生殖のイメージ。溜めて放出し、増えて賑やかになる音であり、この感覚は、インド・ヨーロッパ祖語の時代から、ずっと変わっていないのである。当たり前と言えば当たり前で、生殖行為の基本は、ここ九千年くらいで大きく変わっているとも思えない。そう考えると、増大・肥大・繁栄の事象にB音を与えてきた世界中の男たちがなんだか可愛く思えてくる。

粘りのある「バビブベボ」

さて、発音の生理構造から掘り起こされたことばの音のクオリアに対し、私は、擬音・擬態語を利用して、そのクオリアの検証を行った。たとえば、B音の擬音・擬態語に、膨張、力強さ、増大、分散、粘性などのイメージのものが多いのかどうかを確かめる作業である。

膨張：ボンボン、ビンビン、ブツブツ
力強さ：バンバン、バリバリ、ビシビシ、ボコボコ
増大：ボサボサ、ボウボウ、バサバサ
分散：バラバラ、ベラベラ、ビリビリ、ビラビラ、ボロボロ
粘性：ベタベタ、ベトベト、ボツボツ、ボチボチ

このように、B音の発音生理と擬音・擬態語から感じられるクオリアは見事に一致している。

ちなみに、アルファベットの字形は発音の生理構造を表しているという説があるが、

Bはまさに、膨張し破裂する寸前の唇のかたちを横から見た図になっている。

カラカラとサラサラ

Bのように単音でわかりやすいケースもあるが、どちらも清潔感のあるSとK、どちらも硬さと輝きのあるKとTなどは、単音ではクオリアの設定をしにくい。そこで、この三子音のクオリアを確かめるためには、次のような変化表を作ってみた。

サラサラ	カラカラ	タラタラ
（サンサン）	カンカン	タンタン
スルスル	クルクル	ツルツル
ソロソロ	コロコロ	トロトロ
（シラジラ）	キラキラ	チラチラ
（シンシン）	キンキン	チンチン
———	キリキリ	チリチリ
スリスリ	クリクリ	———

＊（　）内は擬音・擬態語以外の語

縦の変化に注目して欲しい。子音が、S、K、Tへと変化しているだけの擬音・擬態語のセットだ。たとえば、湿り気に着目してみると、Kは完全に乾ききっており、Sは微かな心地よい湿り気がある。Tは湿り気があり粘性も強いのがわかる。

サラサラの髪は嬉しいけれど、カラカラの髪はごめんだ。タラタラの髪となると……絶句するしかない。サンサンと降り注ぐ太陽は、肌に気持ちの良い初夏の陽射し。カンカン照りとなるとドライでハード。肌をさらすわけにはいかない。タンタンには空気感がないので、太陽の陽射しには使えない。

スルスルは滑りがよい布紐のようなもの、クルクルは渦を巻くバネ、ツルツルはこしのある讃岐うどんに、いい具合につゆがからまっている。ソロソロは、床や肌など何かの表面を擦《こす》るような動き。コロコロは転がって、トロトロは垂れる。

なお、サンサン（燦々）、シラジラ（白々）、シンシン（深々）は純粋な擬音・擬態語ではないのだが、印象のクオリアを体現しているので、ここでは採用した。

シラジラは夜明けの空のほのかな光のグラデーション、キラキラは硬質な物体の表面で反射する太陽光線、チラチラは、水面のような粘性のある流動体の表面で揺れて反射する光である。同じ光の表象でありながら、シラジラは空気感を、キラキラは固体感を、チラチラは粘性のある流体感を表した擬音・擬態語。この光の三表象は、S、K、Tのクオリアの微妙な違いをよく捉えている。

すべりのいい「S」

S音は、舌の上を滑らした息を歯に当てて、歯で擦るようにして出す音だ。舌の上を滑らせるので、息には適度な湿度が提供される。歯で擦り、歯の隙間から抜ける息は、流体としては乱気流になり空気をはらむ。

したがって、適度な湿度感と、空気感（気体感、雰囲気感）が、この音の質を作っている（こういう発音を空気感系と呼ぶ）。

擬音・擬態語においても、S音は、空気感のある表面を感じさせるものに多く使われている。「空気感がある」とは、触感で言えば、木綿の布のように、触ったときにぺたっと密着はせず、空気を含んだような感じがする質感を指す。人の肌や髪、表皮を剝《む》いた素《す》の木肌など、有機物の表皮にはその物理構造上、空気感がある。無機物であっても、粒子が小さくて粒が揃っている砂の集合体（砂丘の表面）なども空気感がある。

さらに、適度な湿り気があり空気感もある二次元面は、摩擦力が非常に小さいため、転じて、すべるような動きのイメージになる。その証拠のように、Sは、すべるような動き、擦るような動きを形容した擬音・擬態語に多く使われている。

このようなS音のクオリアから考えると、「朝日がサンサンと降り注ぐ」と表現するとき、私たちは陽射しの視覚イメージではなく、暖かい陽射しが肌を心地よくすべるような触感イメージで太陽を感じているようである。サンサンと表現した太陽には、人類への親密感があり、私たちに恵みと癒しを与えてくれる。「カンカン」で表現された太陽(カンカン照り)が人類の敵になるのとは対照的だ。

また、「春の小川はサラサラ行くよ」のサラサラは、水の質感というよりも、大地の表面を滑っていく、雪解け水のすべらかなスピード感を提供している。サラサラと流れる川に触れても、なんとなく衣服が濡れないような感じがしないだろうか。けれど、実際の雪解けの野はとても濡れていて、本当はピチャピチャ、チャラチャラ音を立てている。こちらの小川だと、服が汚れそうである。歌詞の美しさとして、サラサラを採択した作詞家の感性に敬意を表する。

かたい「K」

Ｋ音は、喉の奥を硬く締めて（まるで痰でも吐くときのように）、その喉に息をぶつけて出す音である。硬く締めた喉に息をぶつけてブレイクスルーさせるので、息にも力が要る（こういう発音構造の音をブレイクスルー系と呼ぶ）。Ｋを単音で出そうとすると意外に腹筋を使うのがわかるはずだ。日本語の場合は緊張を解く母音とセットなので一見気付きにくいが、Ｋ音は、緊張、硬さ、力の三セットで出す音で、清音の中では最も硬く強い質を持っている。

さらに、喉の奥から一気に外に放出される音なので、唾液のある口腔内の滞留時間が最も少ない。このため、ことばの音のうち、最も乾いた音でもある。

擬音・擬態語においても、Ｋは固体表面、特に、密度が高く硬い、金属や石などの無機物の表面をイメージさせるものに使われている。カンカン、キンキン、キラキラなどの金属を髣髴とさせる擬音・擬態語には断然Ｋ音が多い。

また、Ｋ音は、クルクル、コロコロ、カラカラなど、転がる擬音・擬態語にも多く使われている。物理的には、物体が転がるためには、物体表面の材質が、密度が高く硬くなくてはならないので、Ｋ音の硬さの質感から転じたものであろう。Ｓでイメージ表現されるような空気感のある物体では、物体は転がらないのである。

さらに、カンカン、カラカラは、「カンカン照り」「喉がカラカラ」など、乾いた質を表すときにも使われる。「踏み切りがカンカン鳴る」「空き缶がカラカラと転がった」とは、まったく別の表情になるのが面白い。K音が、強さ・硬さと乾いたクオリアを併せ持っていて、これらがある程度、互いに独立した関係にあることがわかる。

ちなみに、クルクル、コロコロ、カラカラ、キリキリなど、回転のクオリアを持つ擬音・擬態語では、R音の活躍も無視できない。R音には粒の揃った規則正しい動きのクオリアがあるのだ。硬く密度の濃いものが、規則正しく動く表象。物理モデルとしても立派に回転を表している（R音については、子音別にまとめた第4章を参照されたい）。

とろみのある「T」

T音は、上あごに舌の一部を密着させ、その密着地点に強い息をぶつけて、密着をブレイクさせて出す音である。舌の密着点は、後続の母音によって前後にずれる。

舌でふたをして押し出す息なので、当然唾も飛ぶ。T音は、ことばの音の中で最も濡れていて粘性がある。

K音は喉を硬くするが、T音は舌を硬くする。その硬い場所にぶつける息は、K音に匹敵するくらい強いのである。したがって、T音は、K音同様、硬さ、強さの質を持つ。ただし、舌で作る緊張感は、息をぶつけて上あごとの密着がブレイクされたときに解放されるため、発音後まで喉の緊張が残るK音ほどの緊張感はない。

そのかわり、上あごと舌との間の空間にいったん唾混じりの空気が満ちて放出されるため、K音よりも中身が詰まった感じがするのだ。つまり、中身が詰まっているタマゴはTのクオリアに近く、中身をツルンと食べた後のカラはKのクオリアに近い。

擬音・擬態語においても、この特徴を継承し、タラタラ、トロトロ、ツルツルなどT音の活躍する擬音・擬態語は粘性が高いものが多い。また、硬さと強さの質から、金属音のチンチン、硬質の光チカチカなど、K音との境界領域の擬音・擬態語も目立つ。

なぜキツネはズルイのか

発音の生理構造から、前出のB、S、K、Tの四音の質をもう一度整理してみよう。

Kは、最も硬く強い音。Tの硬さ・強さはこれに準じるが、湿度感においては両極端な二音といえる。Tは最も湿度感・粘性が高く、Bはこれに準じる。Kは最も乾いた音、

Sはその中間の湿度感を持つ。

さらに物理現象的なクオリアをいえば、Bには強い膨張感があり、Tには中身の詰まった感じがある。Sは摩擦係数の低さ、Kは回転のイメージがある。

このようなことばの音のクオリアの組み合わせによって、ことば全体のサブリミナル・インプレッション（潜在意識の印象）が生じる。

基本的には、ことばの中から切り出される「ことばの音」単位のクオリアをリストアップすれば、全体のサブリミナル・インプレッションを見ることが出来る。

ここで実際の単語をもとに分析をしてみよう。題材は「タヌキ」と「キツネ」である。この両者のイメージの違いには、おそらく共通の認識があるだろう。どちらも人を化かすが、タヌキのほうがお人よし、キツネのほうがズルイ、賢いイメージがあるはずだ。

では、それはどこから来たものなのか。もちろん、それぞれが登場する民話や言い伝えによってそういうイメージが形成されたのは間違いない。しかし、イメージの違う理由はそれだけなのだろうか。そもそも現物を動物園で見ればわかるが、別にキツネのほうがタヌキよりも目が吊りあがっているわけではない。にもかかわらず、私たちはキツネについてある種の「偏見」を持っている。ここにもことばの音のクオリアがかかわっているのだ。日本語での名前を分析すると、それは明らかである。

たとえば「タヌキ」は、音素T、A、N、U、K、Iのクオリアの組み合わせであり、拍でしか醸し出せないTa-Nu-Kiのクオリアも同時に持っている。さらに、先頭拍の子音（T）と、語尾拍の母音（I）のクオリアが強調されている。以下に、拍のクオリア中心に、タヌキ全体のサブリミナル・インプレッションを導出する過程を示す。

タヌキをT＋Ta＋Nu＋Ki＋I（語頭子音Tと語尾母音Iの強調分も付加）と分解した場合、「ことばの音」単体のクオリアをリストアップすると、九〇ページの表１のようになる。比較のためにキツネK＋Ki＋TSu＋Ne＋E（語頭子音Kと語尾母音Eの強調分も付加）のクオリアもリストアップしてみた（表２）。

ちなみに、実際のビジネス・フィールドで、クオリアからサブリミナル・インプレッションを算出する工程では、単純な足し算だけではなく、ターゲット別にいくつかの関数を駆使している。たとえば、食品の名前では、第一拍と第二拍のクオリアの響き合いに比重を置くべきなので、この響き合いの強さを算出する関数を組み合わせている。女性名の分析では母音の流れ（Ma-Ki-Koならa→i→o）のデザインが重要になるので、母音流れの表情を算出する関数を組み合わせている。

表1 「タヌキ」のクオリア

音	クオリア
T	確かさ、充実感、照り
Ta	確かさ、賑やかさ、固さ
Nu	なめらかさ、親密感、接触、ねばり
Ki	切れ、粋、スピード感、インパクト、輝き、活気
I	インパクト、一途、鋭さ、粋、親密感、ミステリアス

表2 「キツネ」のクオリア

音	クオリア
K	強さ、スピード感、輝き
Ki	切れ、粋、スピード感、インパクト、輝き、活気
TSu	納まりのよさ、エネルギーの強さ(集中)、確かさ
Ne	ナイーブ、共振、癒し、ねばり
E	知性、気品、隔たり、気取った感じ

表3　上位概念語表

（太字は「タヌキ」「キツネ」に含まれたクオリア）

上位概念（一部）	クオリア語
信頼・バランス	リーダーシップ、理知的、共感、充足感、**確かさ**、存在感、確立、オーソドックス、揺るぎない感じ、重々しいオーラ、ボリューム感アップ、豊かさ、繁栄、膨張感＋噴出、重量感、従順さ、タフ、奥行き感、厚み、忍耐力、厳格さ
パワー・権威	集中力、強さ、活気、ふんばり、**一途、確かさ**、自立、**インパクト、固さ、エネルギーの強さ、**カリスマ的オーラ、生命力、繁栄、膨張感＋噴出、迫力、パワー、タフ、力強さ、逞しさ、ドライ、**充実感**
創造性・チャレンジ	**インパクト、一途、輝き**、新生、おおらかさ、光拡散、**知性、**光拡散効果、エネルギー放射、生命力、未来感、力強さ、派手、弾む感じ、挑戦、**充実感、照り**
自由・躍動感	愛らしさ、おおらかさ、自立、**ナイーブ**、自然、ナチュラル、希薄感、エンターテインメント性、開放感、希薄感、幻想的、ファンタジー、バリエーション、**照り**、健やかさ

私はこの手法を実際にマーケティングなどに使用する場合には、「確かさ」「照り」「賑やかさ」「なめらかさ」などの「ことばの音」単体のクオリアを、さらに大きな十六の概念に分類している。それらをもとにチャート図を作成することが出来る。「タヌキ」「キツネ」の音のクオリアをその上位概念に分類してみたものが、表3である。「照り」は、たとえば「創造性・チャレンジ」「自由・躍動感」の両方の上位概念に含まれている。実際のマーケティングの際には、それぞれのことばに、どういう上位概念が含まれているか、数値化したうえでレーダーチャートを作成している。が、その数値化の公式はかなり煩雑なものなので、ここでは割愛する。

さて、キツネとタヌキは、どちらも構成子音がK、T、Nで、構成母音も似ているため、比較的似たチャートを描く。リズム感の良い三拍で大和ことば由来の音構成なので、一見愛らしい二つの名前だが、どちらも野生動物にふさわしく、強くタフなサブリミナル・インプレッションを持っている。かすかに気品もある。実際には、狸と狐はよく似た野生動物で、どちらも敏捷で柔軟な筋肉を持ち、長い毛並みには気品さえある。

タヌキ（Ta-Nu-Ki）は、先頭子音Tの充満感と中拍のNuの親密感が響きあって、「太めでちゃっかり」のサブリミナル・インプレッションを作り出している。その上、語尾母音のiは距離の近さを演出するため、親密感をさらに強調する。この親密感が全体の強さを半分覆うので、なんとなく騙《だま》された感じがするのが、タヌキのサブリミナル・インプレッションだ。

一方、キツネの音（Ki-TSu-Ne）は先頭のK、中拍のTと強い音が並ぶため、タヌキよりキツイ印象になる。さらに語尾母音eは、退いて他人を遠のける感じを作るので、先頭二子音のキツさとあいまって、人を見下げて距離を置くサブリミナル・インプレッションになってしまう。

口伝のおとぎ話で名前だけが独り歩きした結果、タヌキは腹の出た間抜けなヤツに、キツネはツリ目の狡賢《ずるがしこ》いヤツに変容してしまったのだ。やはり名前はあだ疎《おろそ》かには出来ないのである。これが愛娘《まなむすめ》の名前のサブリミナル・インプレッションだったら、笑ってはいられない。

九四〜九五ページにあげたレーダーチャートは、タヌキとキツネのそれぞれのクオリアを十六の概念に分けて数値化したものである（なお、本書のレーダーチャートでは、尺度は単語ごとに変えてある。あくまでも注目していただきたいのは、それぞれの形状である。数値軸の絶対値の大小については、ここでは無視して下さい）。

「タヌキ」のサブリミナル・インプレッション

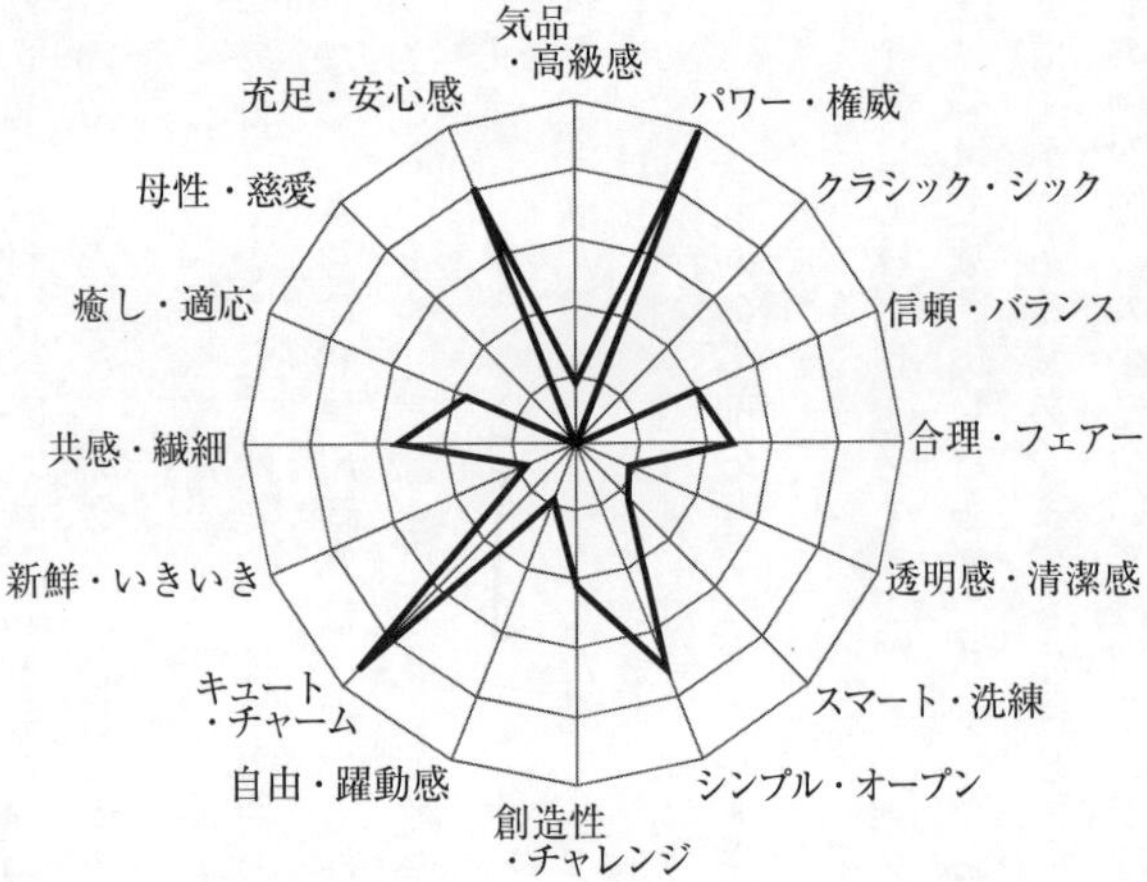

構成している音が似ているので、一見、左のキツネのチャートとよく似ている。両者とも野生動物として不可欠な「パワー・権威」のインプレッションを持っている。タヌキで特徴的なのは、「充足・安心感」が強いこと。

「キツネ」のサブリミナル・インプレッション

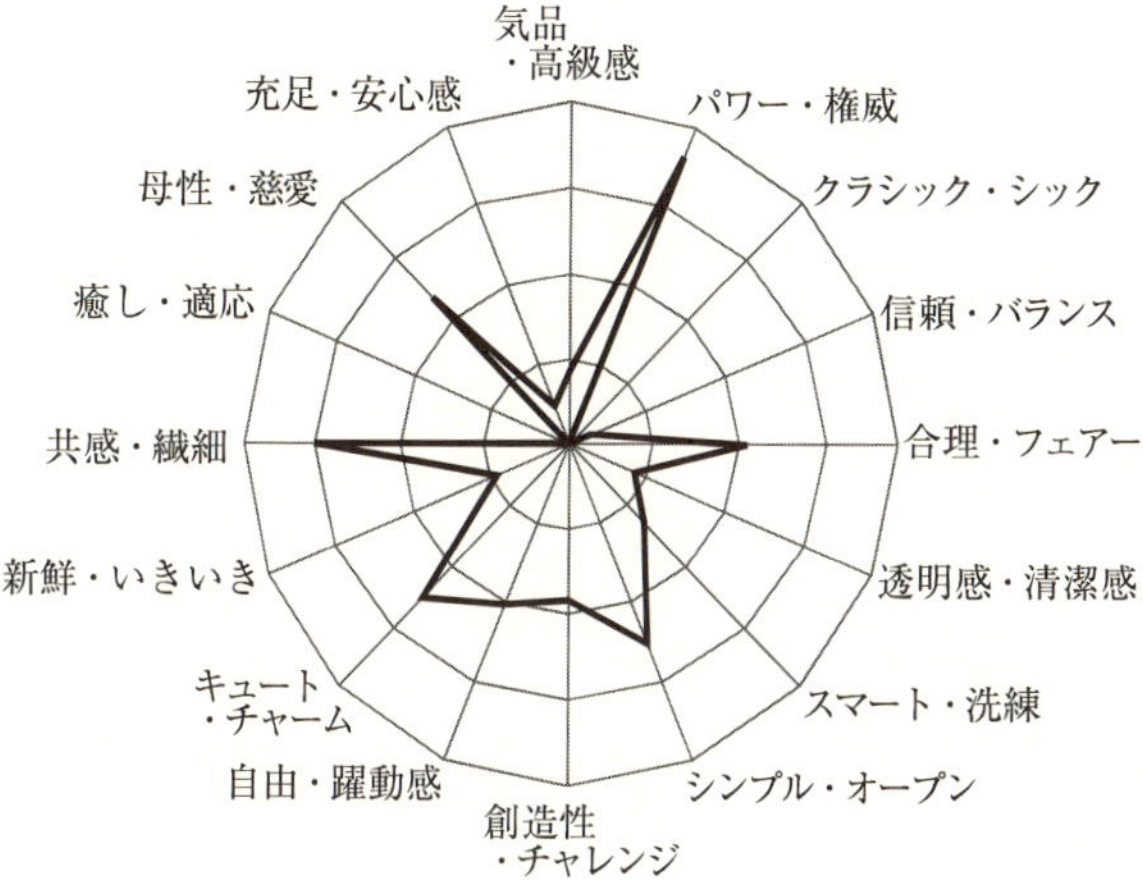

タヌキと比べた場合、「スマート・洗練」「自由・躍動感」などが強い。このへんが、どこか勝手な遊び人風のイメージを作るのに一役買っているのではないか。

第4章　音のクオリア

日本語の音と文字

前章までは、ことばの音には普遍的な感性の質＝クオリアがあるということを述べてきた。いよいよ本章では、それぞれの音がどんなクオリアを持っているのか、つまり私たちにどんなメッセージを発信しているのかを見ていくことにしよう。

本章では、ことばの音のクオリアを、音素ごとにまとめた。清音（K、T、S、H、N、M、R）、濁音（G、B、Z、D）、母音（A、I、U、E、O）の順に紹介する。Y、Wは、他の子音清音とはことばの音としての性質が違うので、最後に別枠でまとめている。

清音は、五十音順に並べると、K、S、T、N、H、M、Rなのだが、発音構造の似たKとT、SとH、NとM、YとWを並べた方が理解しやすいので、本章の清音リストではK、T、S、H、N、M、Rの順に並べている。

ちなみに、アカサタナハマヤラワをこの本の子音順に言い換えると、アカタサハナマラヤワになる。お気づきだろうか？　発音構造が似たものが並んでしまうので、聞き分けにくいのである。日本語の五十音図は、発音構造の似たものをわざと隣に置かず、上手に交互に並べてある。これは子音列だけではなく母音行も同じで、口の開け方を構造類似でつなげたら、演劇部の発声練習の定番アエイオウになる。これでは五音の区別がしにくいので、似ているエとイ、オとウを意図的に離してあるのだ。

このように発音構造に仔細に注目すると、日本語の二次元の音図は見事な発明であることがよくわかる。ことばの音を、母音行と子音列という二次元の行列に整理して、美しい数学モデルにしている。しかも、音を混同しないように、似た音を並べない配慮の繊細さには舌を巻く。

この五十音図の数学的な美しさは、もともと日本語の持つ美しさだ。日本語の音は、母音単音または子音＋母音の拍で出来上がっており、拍単位で表音文字を持つ。すべてのことばは、この拍重ねで出来上がっている。このような、ことばを構成する要素の粒の揃い方、母音と子音の関係の例外の無さは、数学的に完成度が高い。その証拠のように五十音図という「音の行列式」が出来上がっている。

一説には、電話を発明したアメリカのベル研究所が、すべての音素が電波に乗ったことを網羅的に確かめるための通話テストに日本語を使ったといわれている。事実かどうかは確かめられなかったが、たとえ伝説だったとしても、数学的な組み合わせによって、少ない拍数ですべての子音と母音の関係を網羅している日本語の特性が認知され、海外でこのような伝説を生んでいるのは大変興味深い。

濁音の見事さ

日本語の特性としては、さらに、濁音という概念の見事さがある。

日本語では「か」と「が」のように明確な濁音と清音の関係が見えるが、アルファベットでは、GとKの関係など見えない。ところが、発音構造と音のクオリアを追求してゆくと、濁音はそれぞれの基本清音の質を継承しつつ、ある物理効果を増強しているのがわかる。濁音という、ことばの強調関数なのだ。

したがって、G、B、Z、DはK、H、S、Tと依存関係のない同列の子音として扱うべきではない。もとになる清音との関係をはっきりさせておかないと、ことばの音の生理的体系は見えてこない。

また、拗音《ようおん》（キャ、キュ、キョなどの小さい「ャ」で作られる音）の概念も見事だ。後に述べるが、拗音にも一括《ひとくく》りの感性効果があり、ことばの感性計算の一関数に当たる。アルファベット表記の言語では、拗音は、音韻並びの結果、音響効果として表出するものである。共通の記号を持たないので、一括りにするということになかなか気付きにくい。

母音語の奇跡

以上の日本語の特性を考慮しながら、私はことばの音のサブリミナル・インプレッションの体系化と、ことばの感性のグラフ化を試みた。その視覚化されたことばのサブリミナル・インプレッションには大いなる可能性を感じ、なぜ世界でこのような試みが成功していないのか、最初は不思議なくらいだった。

しかし、この視覚化がうまく出来たのも、採用したツールが日本語だからなのである。日本語の音の世界が、美しい数学的モデルで出来上がっていたことの効果が大きい。さらにその音の世界を忠実に表記した仮名文字が生まれ、その仮名文字を5×10の行列にまとめた五十音図の存在があってこその数値化なのである。リニア（一次元的）なアルファベット並びでは、ことばの音を数値化しようなんてことは思いつきもしなかっただろう。

では、なぜ、日本語は二次元化したのだろうか？

これは、日本語が母音単音を顕在脳で聴き分けることが出来る母音語だからこそ起こせた奇跡なのである。

アルファベット表記の言語を使う人々は、母音も濁音も子音清音といっしょくたに一列に並べて暗記している。従属関係のない（ように見える）二十六文字を横並びに暗記しているのだ。ただし、この二十六文字の列は、表記文字の暗記をするためのもの。なぜなら、脳の聴覚野で処理される実際の音声は、この文字単位ではなく、子音中心の慣習的な音韻並び、すなわちシラブル単位で認識されるからだ。

慣習的音韻列で刻むということは、おのずから、音声を切り出す音韻単位は多くなる。英語の音韻認識単位は、学者によって説が違うが、千とも二千とも言われている。日本語の五十音とは桁《けた》が違うのだ。

日本語は、拍末が必ず母音なので、人の音声は母音五音を頼りに刻んでいけばいいのである。ここから、世の中の音を母音五音で整理する5×10の五十音行列が、ごく自然に生まれたのだ。

子音中心で音声認識をする人々（たとえば英語人）は、ことばの音声を、構造化できないリニアな音声並びだと見ている。仕方がないので、何千という音素並びの「認識のブロック」を作り、そのパターン認識で、他人の音声を聞き分けている。しかも、彼らは、この慣習的音素並びに意味の単位も振り分けているのである。何もかもがいっしょくたに入れられているずだ袋のような言語モデルである。

母音中心で音声認識をする私たち日本人は、ことばの音声を、母音五音を基軸にした二次元構造で見ている。音声は、母音を区切りにした拍ごとに認識し、拍ごとの「読み表記文字」である仮名文字を持つ。

ここであえて「読み表記文字」としたのは、音素単位を表す表音文字と呼ばれるアルファベットとは性質が違うからだ。「読み」は、ことばの音、すなわち聴覚野の認識単位に忠実であることを指す。日本語の「さくら」は、一文字ずつ区切って「さ・く・ら」と発音しても読みの世界を壊さないが、cherryは、C・H・E・R・R・Yと発音したら、元の読みは示せない。

ちなみに、日本語の拍のような、数学的に整理された読みの単位のない言語を使う人々が、聴覚野の認識単位に忠実な「読み表記文字」を持とうと思ったら、慣習的音韻列の数、すなわち千以上の文字が必要になってしまう。その上、意味のバリエーションごとに文字を揃えたら何万語だ。脳のデータベースが膨大だとしても、あまりに雑多なデータモデルではないだろうか。

お気づきの方もいるだろう。そう、これこそが中国の漢字である。漢字は、数学的な拍の概念を持たない言語において、「読み表記文字&意味付き」をやってしまった結果なのである。中国語は、日本語よりもずっと欧米語に近い、子音中心の言語モデルなのだ。私たち日本人の先祖が、この文字の音の世界に強い違和感を感じ、日本語的な音に馴らし、訓読みを当て、受け入れに長い時間をかけた気持ちがわかる。

さてそんなわけで日本語の特性に感謝しつつ、子音のクオリアからまず見ていこう。

辛口のキレを持つ「K」（清音の分析①）

【クオリア】

属性：硬さ（最大）、強さ（清音中最大）、乾きの質（最大）
意識：緊張感、スピード感
質感：密度・硬度の高い固体の表面、尖ったもの、角張ったもの、輝くもの
　回転、曲面（カーブ）
　乾き、ドライ感
　小ささ

【発音時の体感イメージ】

喉の奥を硬く締め、その喉の密着点に息をぶつけてブレイクスルーさせる。息は、ことばの音中、最速で口腔内を抜ける。発音後も、喉の奥は緊張を続ける。この発音直後の喉は、丸く空洞を作る。

K音には、硬さ＋強さ、曲面＋回転、乾き＋スピード感の三つの質が、互いに孤の関係で（依存関係なしに）共存している。その理由は、以下のような発音構造の三局面にある。

喉を硬く緊張させ、その緊張感は発音後も継続するので、ことばの音の中で、最も硬

い質を持つ。この硬い密着点をブレイクスルーさせるため、息を強く送り込むので、強さの質も併せ持っている。このようなK音の硬く強い質は、密度・硬度の高い固体の表面を思わせ、金属や石など、鉱物のイメージを作る。自然と、尖ったイメージ、輝くイメージにつながる。

発音直後の喉は、丸い空洞を作る。特に後続の母音がu、o、a（欧米語の奥まったa）の際にこの傾向は強い。このため、硬い曲面（カーブ）のイメージが残り、回転にもつながる。もとより、回転は、密度・硬度があって初めて実現できるものであり、密度・硬度の第一クオリアからも喚起されている。

また、K音は、喉が発音点で、唾液のある口腔内を最速で抜ける。したがって、ことばの音の中で最も乾いた音になる。同時に、スピード感のクオリアも強く誘発される。

さらに、上記のクオリアの複合効果によるクオリアも存在する。硬さ、丸さ、スピード感の響きあいによる、小さくて納まりのよいイメージもKの重要なクオリアである。

母音と結びついて拍となった場合には、母音のクオリアと響きあって、特定のクオリアが強調される。母音aはKの持つ硬さ・強さのクオリアを強調する。iはスピード感、eはドライ感、u・oは回転と小ささのクオリアを強調する。

清音のうち、喉を硬く締めて強い息をブレイクスルーさせるK音と、舌を上あごに密着させ、その密着点から息をブレイクスルーさせるT音は、膨張＋放出の動作で出す音であり、男性が生理的に持っている意識の質を刺激する音、あるいはその放出感から市場の散財意識を刺激する音として、同系（ブレイクスルー系）である。

【擬音・擬態語】
硬さ：カクカク、カキカキ、カラカラ、カリカリ、カチカチ、カツカツ、カンカン、コチコチ、コツコツ、コンコン
緊張感：キリキリ、キシキシ、キツキツ、キチキチ、キンキン
輝き：キラキラ
回転：クルクル、コロコロ、カラカラ、クリクリ、クラクラ
乾き：カサカサ、カスカス、カラカラ、カンカン、ケチケチ、ケラケラ、ケロケロ、コソコソ

Cの存在理由

アルファベット表記では、Kの発音構造に対し、もう一つCという文字が存在する。CはS音にもあてられることがある。ことばの音は発音構造の物理効果に帰属するので、私の研究ではCを含む単語は、分析時にはその発音によってKかSかに割り当てることを基本とする。

しかしながら、マーケティングなどの際には、KとCに歴然と存在する表記のイメージの差を無視するわけにはいかない。

すでに述べたように、アルファベットは、その発音構造を表した表象文字だとする説がある。その説にのっとれば、Kのかたちは「|」+「<」であり、喉の奥を硬くして(|)、息をブレイクスルーさせる(<)瞬間を表している。一方、Cは、発音直後、喉の奥に残る丸い空洞を表すことになる。

K音には、硬さ・強さ、曲面・回転、乾きの三つの質が、互いに孤の関係で共存している。このうち、硬さ・強さの質は、発音の瞬間に生じるものである。すなわち喉が、「K」の物理構造になる瞬間だ。したがって、K表記は、この硬さ・強さの質に光を当てる表記になる。

一方、曲面・回転は、発音後の喉の丸い空洞から生じる質。したがって、C表記は、曲面・回転の質に光を当てる表記になる。

一つのことばの音に複数のクオリアが共存し、そのクオリアのどれに着目するかによって表記が変わる。Cは、そのような例である。

たとえば、インド・ヨーロッパ祖語において〔kom〕という音をもっていたcomは、ラテン語の時点では、既にC表記になっている。共通や共同体の「共」という概念は、たしかに丸く括《くく》るイメージ、あるいは丸く切り出すイメージがある。

もしもK音のネーミングをする際に、KかCかで迷ったら、曲面・回転をイメージする製品であれば、C表記を優先させた方が良いだろう。

従来、車の名前にはC表記が多く使われる。トヨタの車名に意図的にCが仕込まれたのは明らかで、カローラ、クラウン、カムリなど、往年の名シリーズはすべてCを含む。セドリック、シビック、シトロエン、シボレー、コルベット、カマロなど、国内外の他社の車名も枚挙にいとまがない。

これは、C表記が喚起するクオリアが、硬い曲面のイメージから自動車の流線型のボディを、回転のイメージから自動車の製品機能を髣髴とさせるため、事象と文字のクオリアが適合した、非常にいいネーミングだからに他ならない。
ただし、ゲルマン語族の欧車の名前は、ボルボ、ベンツ、ポルシェなど、ブレイクスルー系の音が並ぶ。エンジンの爆発音に興奮するのか、エンジンのなめらかな回転と流線型のボディに興奮するのか……。結局は、男たちの質の違いなのだろうか。

確かな手ごたえの「T」（清音の分析②）

【クオリア】
属性：硬さ（大／Kに準じる）、強さ（Kと同等）、湿度・粘性（最大）
意識：確かさ、充実感、賑やかさ
質感：粘性の高い液体、硬度の高い殻に覆われている粘性の高い液体
　　中身の詰まった感じ
　濡れた感じ、粘り気、照り

【発音時の体感イメージ】
T音は、上あごに舌の一部を密着させて、その密着点に強い息をぶつけ、ブレイクス

ルーして出す音である。舌の密着点は、後続の母音によって前後にずれる。舌でふたをして押し出す息なので、当然唾も飛ぶ。T音は、ことばの音の中で最も濡れていて粘性がある。

T音には、固さ＋強さ、中身の詰まった感じ、湿度＋粘性の三つの質が共存している。K音は喉を硬くするが、T音は舌を固くする（「硬い」は面の硬さ、「固い」は固体の固さ）。その固い場所にぶつける息は、K音に匹敵するくらい強いのである。したがって、T音は、K音同様、固さ、強さの質を持つ。ただし、舌で作る緊張感は、息をぶつけて上あごとの密着がブレイクされたときに解放されるため、発音後まで喉の緊張が残るK音ほどの緊張感はない。

そのかわり、上あごと舌との間の空間に、いったん舌が膨らむくらいに息を充満させるため、K音に比べて中身が詰まった確かな感じがする。

さらに、その充満した息は、舌の湿り気をはがすかのように放出される。この唾混じりの音は、ことばの音の中で最大の湿度と粘性のイメージを私たちの脳に与えると同時に、飛び散る感じ、すなわち賑やかさを髣髴とさせる。

粘性のあるゲルで中身が詰まっているたまごは、Tのクオリアに非常に近いのである。

擬音・擬態語においても、この特徴を継承し、タラタラ、トロトロ、ツルツルなどT音の活躍する擬音・擬態語は粘性が高いものが多い。

さらに、湿度・粘性の高い物質は、表面に照りがある。湿度・粘性から派生するこの照り感も、T音の重要なクオリアの一つだ。同じ光でも、K音の輝き、T音の照りは、光の様子が違うのである。

なお、湿度+粘性は、同じように唾の飛ぶB音と似ているが、舌の上の水分をはがすようにして持ち出すT音の方が強いようだ。実際、擬音・擬態語で比較してみると、ツルツル／ブルブル、チュウチュウ／ビュウビュウなど、T音の方が徹底して水分のイメージに使われている。

Tが母音a・oと結びつくと、固さ・強さのクオリアが強調される。iでは賑やかさ、uでは詰まった感じ、eでは照りのクオリアを強調される。

喉を硬く締めて強い息をブレイクスルーさせるK音とは、膨張と放出の動作で出す音として同系（ブレイクスルー系）である。

【擬音・擬態語】

硬さ：チカチカ、ツンツン、チンチン、チリチリ（ヒリヒリと比較していただきたい）
充実感：タプタプ、タップリ、トップリ
賑やかさ：チャラチャラ、チャリチャリ、チャカチャカ
湿度・粘性：タラタラ、トロトロ、ツルツル、チョロチョロ、ベタベタ、ビチャビチャ、ピチャピチャ、たらり
照り：チラチラ、チカチカ、テカテカ、テロテロ、テラテラ、てかり

アルファベット表記が発音構造を表すとする説に従えば、Tは、上あごに舌を密着させて「息のふた」をした瞬間の図になる。このため、表記文字Tのクオリアとして、何かをしっかりと止めた感じがする。ブランド名表記においてTにポイントをおく場合は、デザイン上、「確かさのT」「充実のT」を意識すると良い。

しかし、この大人のタフガイを連想させるT発音直前のイメージに対し、Tの発音直後の唾の飛び方は賑やかで、一転、子どもっぽい娯楽要素を感じさせる。特に、Tの拗音（チャ、チュ、チョ）の発音直後の唾の飛び方、口元のゆるい開放感には、ちょっと

無責任な、お祭り的賑やかさがあり、現役の子どもの気も惹くが、マーケティング上は、大人たちの子供心を刺激する音として有効である。

日本語のチをアルファベット表記する場合、T表記とCH表記の二通りの選択が出来るが、発音直前の確かさや充実感を強調したいならTを、子供心を刺激したいならCHを採択すると良い。

なお、子供心を刺激する音としては、CH（チャ、チ、チュ、チェ、チョ）の他に、SH（シャ、シ、シュ、シェ、ショ）、F（ファ、フュ）があげられる。

おもちゃ、チョロQ、チャイルド、チャンバラ、機関車、上海、シャングリラ、少年、少女、ファンタジー、ファーブル昆虫記……並べていくと、なんとなくノスタルジックな響きである。

ちなみに、チョロQはトミカと並んでロングランを続けるミニカーで、その愛らしい名前がネーミングの秀作例としてあげられることが多い。このチョロQ、大人が子供心を刺激される音だが、現役の五歳男児はボロジュウみたいな濁拗音の方が興奮するはずだ。ただし、財布を開くのは五歳児ではなくて三十代のパパの方。その意味でこのネーミングは、やはり秀逸というべきだろう。

光と風のモニュメント「S」（清音の分析③）

【クオリア】

属性：空気感、摩擦係数の低さ、適度な湿度感

意識：爽快感、健やかさ、静けさ、スピード感

質感：適度に湿った空気、空気感のある表面（肌、髪、木綿布、土・砂地）

　滞りがない様子（スムーズ）

　風のイメージ、光拡散のイメージ

【発音時の体感イメージ】

S音は、舌の上を滑らせた息を歯に当てて、歯で擦るようにして出す音。舌の上を滑らせるので、息には適度な湿度が提供される。歯で擦り、歯の隙間から抜ける息は、流体としては乱気流になり空気をはらむ。

　したがって、適度な湿度感と空気感（気体感、雰囲気感）が、この音の質を作っている。空気が舌の上を滑走する感覚は爽やかな風のイメージ、口元で起こる歯擦の乱気流

は、光や水の拡散のイメージを喚起させる。

空気感がある二次元面は摩擦力が非常に小さいので、転じて、すべるような動きのイメージになる。

すべるような動きは、ひっかかりがなく音を生じない。転じて、静けさの質を表す。また、ひっかかりや淀みのないイメージは、生命を脅かす要素の少なさを表し、爽快感や健やかさにもつながる。

母音aと結びつくと爽快感のクオリアが強調される。i・eでは静けさ、u・oでは健やかさのクオリアが強調される。

清音のうち、息を舌に滑らせて出すS音と、喉の奥からほっこりと運ぶH音は、空気の動きを遮らない音であり、雰囲気感すなわち光や風のニュアンスを伝える音、あるいは快適感の音として同系（空気感系）である。

【擬音・擬態語】
空気感：ソヨソヨ、ソワソワ、サワサワ、サラサラ
摩擦係数の低さ：スルスル、スルリ

爽快感：サラサラ、サンサン
健やか：スヤスヤ、スクスク
静けさ：シンシン、シトシト、ソロソロ、（シズシズ）
スピード感：サッと変える、スッと立つ
光拡散のイメージ：サンサン、ショウショウ、シュウシュウ、（シャワー）

未来への光「H」（清音の分析④）

【クオリア】
属性…温感、適度なドライ感、空気感
意識…リラックス、未来感
質感…広い空間、風呂で手足を伸ばす感じ、解けるイメージ
　羽毛のようなふんわりした抱擁感
　静けさ、早さ、ドライ

【発音時の体感イメージ】

H音は、舌の付け根周辺をほっこりと開け、気管から出てくる息をブレイクさせたり擦ったりせずに、そのまま一気に口元に運ぶことで出す音である。同じ要領でも、息をゆっくりと運ぶと音は出ない。ある程度の量の息を一気に出すことで喉壁と息の摩擦が起こり、音が発生する。

H音は物理抵抗が少ない音なので、他の子音ほど際立った音にならない。フランス語のように語頭のH音をはっきりと発音せず、母音のニュアンス付けだけに使う言語もある。

しかし、聞き取りにくい音ながら、発音構造の性質はしっかりしているため、サブリミナル・インプレッションは、意外にしっかりしているのである。

物理抵抗を受けない息は、気管の体温を温存したまま外へ出てくるので、温かさの質を持っている。この温かさの質は、後続の母音によって色合いが違っている。気管からの息をそのまま口元まで一気に運ぶHaの温かさは、かじかんだ手を温められるほどだ。気管からの息を、喉奥の大きな空洞でやんわりと包んで外に出すHoも、口元の温度が高い音になる。

これに比べて、Hi、Huは、口元の温度が低い。この二音を「温かい」と言われると首を傾げる方も多いだろう。Hiは氷にも当てられる音（氷雨、氷室）であり、フーフーは熱い飲み物を冷ます息の音。「冷たい」というご叱責さえ受けることもある。

しかしながら、このHi、Huは、熱いくらいのサブリミナル・インプレッションを持っている。実は、口腔空間を小さく使う母音i、uのおかげで、喉まで体温を温存してやってきた息の熱は、喉や口腔中空にぶつかり、ここに熱さを感じさせている。喉や口腔に熱を与えることによってエネルギーを消失した息は、口元に出てきたときには、もう冷たいのである。口元の息がクールなので顕在意識は気づかないが、喉に直接熱が与えられるHiは、ハ行音の中でもっとも熱い。というより、i音の鋭さの印象が効いているので、痛いほどに熱い、という方が正しいかもしれない。日（Hi）、火（Hi）は、その素直な表出語である。ヒは吹くが、ホノオ（Ho-No-O）は照らす。ホテリHo-Te-Riよりも、ヒリツキHi-Ri-TSu-Kiを訴える者の方が熱がっている。

とはいえ、喉元の熱さのために、口元の冷たさが消えるわけではない。HiとHuは、喉元の「熱さ」と、口元の「冷たさ」の正反対の二つの質を併せ持っている。特にHiは、その二つの温度差が激しい。この火のような熱さと氷のような冷たさは、ときに痛烈なほどのカリスマ性となって現れる。卑弥呼Hi-Mi-Koのカリスマ性は、Hiでなければ伝わらない。女王キミコではだめなのである。

なお、Hiの鋭いカリスマ性に対し、HaやHoの温かさは、ヒューマニティあふれる人情の温かさだ。お風呂で手足を伸ばしたり、温かな羽毛に包まれて手足を伸ばす、あの嬉しいリラックス感である。

同じ子音なのに、母音によってここまで表情を変える。Hは子音というより、後続の音に人間性（体温）の色合いを与える、後続音の強調関数のようだ。だからこそ、フランス語や英語の一部の単語では、無発声のHがあるのだろう。

H音の、温かさ以外の質にも着目してみよう。上あごや舌に触れない息には唾が混じることもないので、乾いた質も持つ。さらに、抵抗の少ない息は、気管から一気に口元に運ばれるので、意外なことにスピード感がある。これは、S音が持つような風の効果音による物体のこれ見よがしの速さではなくて、気管から口元へ静かに一気に運ばれるH音の息そのものの「あっという間に運ばれた」静かな早さだ。

なぜなら、H音は、気管の空気が口元に届くまでの時間が最も短いのである（喉から口元までならKが最速）。中でもHiは最速で抜けるので、未来を感じさせるほど早い。

なお、Hの場合、口腔内の滞留時間が長くなるとドライ感は失われる。後続母音がu、oの場合はH音が口腔内にこもって滞留するため、ドライ感は現れにくい。aやeでもゆっくり発音した場合や、長音の場合は同じようにドライ感が弱くなる。逆に言えば、同じ乾いた音でも、口腔内の滞留時間をコントロールできないK音に比べ、適度なドライ感を演出できるのがH音の特徴でもある。

温かさの質だけでなく、ドライ感の度合いも母音によってここまで違ってくる。Hは子音というより、後続音の強調関数なのかもしれない、と考える根拠はこんなところにもある。

このように、H音には、温かなリラックス感、静かなスピード感（早さ・未来感）、ドライ感という三つのクオリアが互いに孤の関係で（依存関係なしに）共存している。同じ空気感系のS音と比較すると、S音はクールで適度に湿り気があって静か、H音は温かくて適度に乾いていて静かな印象になる。言い換えれば、Sは春夏の快適音、Hは秋冬の快適音といえる。あるいは、睡眠時の快適音はH、活動時の快適音はSと言うこともできる。

母音a、iと結びつくと、早さ・新しさのクオリアが強調される。iはその他に熱さを、uは温かさ、eは乾いた感じ、oはリラックス感のクオリアを強調する。
息を舌に滑らせて出すS音とは、雰囲気感すなわち光や風のニュアンスを伝える音、あるいは快適感の音として同系（空気感系）である。

【擬音・擬態語】
温かさ：ホカホカ、ホクホク、ハフハフ、フウフウ、ヒリヒリ
解放感：ホッとする、フワフワ、ホワホワ、ヘトヘト
早さ：ハッとする、ヒュンヒュン、ヒュッヒュッ
解けるイメージ：ヒラヒラ、ハラハラ、ホロホロ、ヒヤヒヤ
乾き、乾いた風：ヒョウヒョウ、ヒュウヒュウ

ベッドルームの音「N」（清音の研究⑤）

【クオリア】
属性：密着度（最大）、粘性（最大）

意識：癒し、ナイーブ、私的
質感：粘性の高いゲル、なめらかな肌（女性の素肌）
　　密着した感じ、粘り気
　　遅さ、停留

【発音時の体感イメージ】

N音は、鼻腔を響かせて出す音（鼻音系）である。上あごに舌のほぼ全体を密着させ、鼻腔音を出しつつ舌をはがすことによって発音する。上あごと舌の密着感と、頭蓋内にこもって響く音のため、非常に私的な、内向的なイメージになる。

また、頭蓋内にこもる鼻音は、息を使って出す他の音に比べてスピード感がないため、遅い、停留のクオリアを持つ。

人間は、口を開けて自然に発声すると母音になる。最も自然な開口音は「あー」だ。一方、口を閉じたまま自然に発声すると「んー」という音になる。

寝ている子を起こすと、半分眠ったまま「んー」という声を出す。目を覚まして機嫌がよい赤ん坊の声は「あー」だ。大人でも考え込むときは「んー」、発想が降りてくれば「あー」である。

この世で最も自然なこの二音は、ことばの音以前から人が発声していた最初の二音に違いない。

眠りの入り口や出口、痛みをこらえるとき悩むとき、甘えるときなどに出す、この自然な閉口音Nは、非常に私的でナイーブな音なのである。

鼻音は、頭蓋の真ん中、鼻腔に響くので、自分の最も内側にある音だ。その上、上あごに舌を密着させる感じは、誰かにしっかり肌を密着されて抱擁されている心地よさを誘発する。

たとえば、おしゃぶりをくわえた赤ん坊は、上あごと舌の密着感を楽しんでいる。乳児の上あごには、乳首をがっちりとくわえ込むためのくぼみがあるので、おしゃぶりをくわえないと大人のN音のような上あごへの舌の密着感が出ないのである。

この赤ん坊のおしゃぶりは、擬似おっぱいではなく、擬似抱擁だ。お腹の空いた赤ん坊におしゃぶりをくわえさせても怒って泣くだけだが、おしゃぶりをくわえている赤ん坊は、抱っこをせがむ回数が明らかに少ない。

このように、N音の発音構造の一つ、上あごと舌の密着は、抱擁を感じさせる。したがってN音は、自分で自分を抱擁する癒しの音なのである。

乳児の上あごの乳首窪は、幼児と呼ばれるようになっても残っていて、やがてなだらかになる。その頃には、幼児には難しかったN音もはっきりと発音できるようになり、それと同時に、抱っこをせがむ回数も減るのだ。

私たちが、母親の手を離れて自立するとき、このNのクオリアが手伝ってくれているのかもしれない。母の手ではなく、自分の舌で自分を癒せるようになって。大人になっても、人肌のぬくもりがいらなくなるわけではないのである。

母の素肌の抱擁に代替したN音は、非常に私的な感情も喚起する。ナナコという名前にどこか家庭的な印象を受けるのは、松嶋菜々子さんの影響ではない。そもそも実際の松嶋さんはバリバリ外で働いている。きらめく大スターでもある。なのに常に傍にいる「お姉さん」のイメージが消えなかった（これからは「お母さん」になってゆくのだと思うけれど……）。ナナコさん、ナエさんと、キリコさん、キョウコさんでは前者のほうがどこかおしとやかに感じられないだろうか。

同じ意味を持つ「ニョウボウ」と「ツマ」でも、口に出して発音した場合、前者のほうが家にいるもの、という感じがするはずだ。

このようなわけで、N音を名前の語頭に持つ女性は、恋人役・女房役に徹するのには得だけれど、キャリアウーマンとして生涯を貫くにはリスクがある。内にいるべきものが外にいる、という違和感を禁じえないからだ。この名前を持つ人がキャリアを張るときは、公的な場所では周囲にファーストネームを呼ばせない方がいい。

逆に、T音、K音の名前を持つ女性で、N音の苗字を持つ人は、ファーストネームで呼んでもらった方が得である。フジテレビの人気アナウンサー西山喜久恵さんは、キクちゃんと呼ばれて親しまれているが、実は、ニシヤマさんと呼ばれるよりキクちゃんと呼ばれた方が、才能輝くキャリアウーマンのサブリミナル・インプレッションが引き出せている。意味的には逆のような感じがするのだが、ニシヤマさんよりもキクちゃんの方がしっかり、がっちり仕事をしてくれそうな感じ、実際に発音してみるとおわかりになると思う。

ことばの音のクオリアから見れば、ファーストネームだから私的、苗字だから公的、というわけでもないのだ。

では、苗字も名前もN音の女性はどうしたらいいかだが、実は、私が分析した女性のうち、生まれたときからこういう名の女性で、生涯一キャリアウーマンという意気込みの方にお目にかかったことがない。いくつかあったのは、結婚してそうなってしまったケース。Tの苗字でバンバン売り上げを上げていた営業パーソンがNの苗字になったような場合、本人も違和感を感じていることが多い。

こういうときは、職場での旧姓利用をお奨めする。しかし、旧姓利用が難しいなら、苗字と名前のうち、二音目に強い音の来る方を使うべきである。根本夏子さんなら、ネモトさんよりナツコさんの方が公的なイメージになる。二音目がどちらも強い音でないなら、苗字にしよう。ここへきて、やっと意味論（苗字の方が公的）も役に立つ。

母音a、uと結びつくと、なめらかさのクオリアが強調される。i、e、oはナイーブさのクオリアが強調される。

清音のうち、鼻腔を響かせるN音とM音は、女性らしさの音、あるいは癒しの音として同系（鼻音系）である。

【擬音・擬態語】
密着度：ナメナメ（幼児語）、ネエネエ（呼びかけ）
粘性：ネチネチ、ネトネト、ヌルヌル、ヌメヌメ、ニチャニチャ、ネバネバ

癒し：ニコニコ、ニャーニャー、ナイナイ（幼児語）、ネンネ（幼児語）
遅さ：ノロノロ、ノソノソ、ノタノタ

満ち足りた女の「M」（清音の研究⑥）

【クオリア】
属性：柔らかさの質、丸さ
意識：女らしさ、母性、満ち足りた思い
質感：柔らかさ、あいまいさ
　　　豊満、まろやかさ、甘さ
　　　家庭的
　　　遅さ

【発音時の体感イメージ】

M音は、N音同様、鼻音系である。柔らかく唇を閉じ、口腔内にゆるく息を満たし、唇を離すことによって発音する。

柔らかく合わせた唇は、そのまま柔らかさの質を私たちの脳に与えている。

第1章で述べたように、ゆるく満たされた息は、おっぱいのような豊満なまろやかさを感じさせ、母性のクオリアになる。このまろやかさのイメージは、甘さにもつながる。

さらに、このゆるく満たされた息（T、B、Pのようにテンションを伴うほど満たさない）は、あいまいさの質をもたらす。

唇のふっくらした柔らかさと、ゆるく満たした息の甘さ、あいまいさ。このクオリアの響き合いは、女性一般のイメージ「女らしさ」となる。

頭蓋内にこもって響く音のため、N音同様内向的なイメージになるが、上あごに舌が密着するNのナイーブさと違い、口腔内に柔らかく息が満ちるMは、私的というより家庭的なイメージに近い。ベッドルームではなく、リビングのイメージである。

また、頭蓋内にこもる鼻音は、息を使って出す他の音に比べてスピード感がないため、遅さ、停留のクオリアを持つ。

母音ａと結びついた場合、まろやかさのクオリアが強調される。ｉでは親密感、ｕではあいまいさ、ｅでは甘さ、ｏでは豊満さのクオリアが強調される。

清音のうち、鼻腔を響かせるM音とN音は、女性らしさの音、あるいは癒しの音として同系（鼻音系）である。

【擬音・擬態語】
丸さ：モクモク、モコモコ、モリモリ
柔らかさ：モミモミ、モチモチ、ミシミシ（キシキシと比較）
あいまいさ：モヤモヤ、メソメソ、ムズムズ、ムラムラ、ムッとする
豊満：ムチムチ、ムンムン、マンマン
まろやかさ・甘さ：まったり、モタモタ、（モモ）
家庭的・母性：ママ（幼児語）、マンマ（幼児語）
遅さ：モタモタ、マゴマゴ、モゴモゴ、モソモソ

哲学の響き「R」（清音の研究⑦）

【クオリア】
属性：弾性
意識：理知的、哲学的

質感：リズム感、継続性
自然法則
冷たさ、透明感
強さ、重さ

【発音時の体感イメージ】

R音は、丸めた舌の先を、上の歯の付け根あたりで弾《はじ》いて出す音である。この弾く動きは軽やかなリズム感を生み出すため、語の先頭よりは後方に付いて語のリズム感を作りだす役割を担っていることが多い。

擬音・擬態語では、語末にラ行音を使っているものが比較的多い。特に「うっとり」「しっとり」「きっちり」「さらり」「ひらり」「からり」のような、同音の繰り返しでない擬音・擬態語は、リズム感創生をR音に頼っているものが圧倒的に多い。また、日本語の文末の締めのことば、「する」「いる」「である」なども語尾拍の子音はRである。R音ならリズムが良いので、何度か続いても気にならないのだ。「だ」止めの文を続けることは、「絶対語感」（一九九ページ参照）のある日本人にはとても我慢ができない。

このような語尾拍のRの弾む感じは、「まだまだ続く感じ」を作り出しているのである。ホップ・ステップ・ジャンプのホップやステップのようなイメージだ。文尾にありながら、文がまだ続く感じや、語尾にありながら、その語のサブリミナル・インプレッションが累々と続くことを暗示する。コロコロ、サラサラなどの擬音・擬態語では、KoやSaのクオリアが、弾むように流れるようにずっと続くイメージをR音が与えているのである。

このように、ある質感が永続的に繰り返されることは、自然法則のイメージにもつながる。R音は、ものごとの理を見極める知性を感じさせる音、すなわち、哲学の音でもある。

なお、舌を弾く動作には、意外に力が要る。したがって、舌を弾くテンションから来る、強さや重さもRのクオリアの一つであり、無視することはできない。

モノの音としてのRは、薄い金属やガラスを弾いたときに生じるリンという音に代表される。Rは、実は自然音の中にはあまりない音なので、私たちの脳の中では、このガラスの音とことばの音のクオリアが直結している。つまり、R音を聴くと、私たちの脳にはガラスの質が浮かぶのだ。すなわち、冷たさ、透明感の質が生じるのである。

母音aと結びついた場合、継続感のクオリアが強調される。iでは透明感、uでは弾む感じ、eでは冷たさのクオリア、oでは重さのクオリアを強調される。

【擬音・擬態語】
弾む感じ：ランラン、ルンルン
規則性・リズム感：（リズムを作る効果から、擬音・擬態語の語末はラ行音が多い）
カラカラ、サラサラ、タラタラ、ハラハラ、キラキラ、シラジラ、チラチラ、
ヒラヒラ、クラクラ、スラスラ、ツラツラ、フラフラ、ヌラヌラ、ムラムラ、
ユラユラ、ケラケラ、テラテラ、ヘラヘラ、メラメラ、カリカリ、キリキリ、
チリチリ、ヒリヒリ、クリクリ、スリスリ、フリフリ、メリメリ、コリコリ、
モリモリ、クルクル、スルスル、ツルツル、ヌルヌル、フルフル、ユルユル、
コロコロ、ソロソロ、トロトロ、ノロノロ、ホロホロ、モロモロ、オロオロ、
あっさり、うっとり、きっちり、きっぱり、さっぱり、すっぱり、たっぷり、
でっぷり、とっぷり、ねっとり、まったり、するり、しっとり、からり、きらり、さらり、するり、はらり、ぬるり

冷たさ・透明感：リンリン

日本語のラ行音は、アルファベットで表記する場合は、RとLのどちらも採択できる。マーケティング上どちらがいいか迷ったときのために、RとLのクオリア比較について、インド・ヨーロッパ祖語の検証結果を引用しよう。

大和田洋一郎氏によれば、インド・ヨーロッパ祖語のRの基語〔reg〕は、英語のrain、ruleの語源基語であり、この音韻はそれぞれ漢字の零、令に共通している。単品では見慣れない漢字だが、零《れい》は静かに降る雨の意。転じて「落ちる」「落ちぶれること（零落）」の意味がある。

発音構造から切り出したR音のクオリアのうち、透明感や規則性のイメージはrain／零に、自然法則、ものごとの理のイメージはrule／令に表れている。

一方、logic（論理）の語源logosをインド・ヨーロッパ祖語まで遡ると、基語は〔leg〕である。L音もまた、ものごとの理のクオリアにつながっている。

したがって、RとLは理知的なクオリアでは区別がない。ラ行音を理知的なイメージで使う場合の表記は、RでもLでも問題はない。

違いは、Rは重く、Lは軽やかなところにある。発音生理から言うと、舌の弾き方がRの方が強いのでそうなる。rain（雨）、river（川）とline（線）、rule（規制、支配）とlaw（法）…R由来とL由来の語に与えられてきた意味も、似ているようで、Rの方が重く、Lの方がほんの少し軽やかである。

なお、女性市場では、「Rはキレイ音」と言われている。「麗」という漢字の影響もあると思うが、白鳥麗子、竜崎麗華など、少女漫画では、圧倒的な美しさでカリスマとなるキャラクターにR音の名前が当てられてきた。カリスマ的な凛《りん》とした美しさを強調するなら、R音の重々しさは欠かせないようだ。同時に、Rの文字形の、リボンを結んだような視覚イメージも大きいに違いない。リボンも、Ribbonと書くから華やかなのだ。Libbonと書かれると、なんだかロボットの名前みたいに見える。

一般に、ラ行音の「美」を欲する女性市場にはR、「理」を欲する男性市場にはLと心得ておくといいかもしれない。

男たちを興奮させる濁音

清音のうち、喉を硬く締めて強い息をブレイクスルーさせるK音と、舌を上あごに密着させ、その密着点から息をブレイクスルーさせるT音は、膨張＋放出の動作で出す音であり、男性が生理的に持っている意識の質を刺激する二清音として、あるいはその放出感から市場の散財意識を刺激する音として、私は、ブレイクスルー系とした。

濁音四音（B、G、D、Z）は、この膨張＋放出に振動を加えた、膨張＋放出＋振動の発音構造になる。

Gは喉をブレイクスルーするK音に喉壁の振動雑音を加えて出す音、Dは舌をブレイクスルーするT音に舌の振動雑音を加えて出す音。Bは唇をブレイクスルーさせて出すP音に唇の振動雑音を加えて出す音である。

日本語の五十音図では、B（バビブベボ）はH（ハヒフヘホ）の濁音とされているが、発音の生理構造から言えば、Pはブレイクスルー系の清音とみなすべきで、清音Pの濁音がB音とした方が現代日本語の発音構造には合うように思われる。

Zの基本清音Sはブレイクスルー系ではないのだが、Zでは、確実な濁音にするためにいったん歯のうらに息を溜めて放出している。舌で震わせる息の量を増やして、音響効果を上げているのだ。これにより、本来は膨張＋放出の質を持たないSを基音にしながら、膨張＋放出＋振動の濁音創生に成功している。

膨張＋放出のブレイクスルー系清音（K、T、P）は、男性の生殖行為における意識の質を刺激するが、これに振動を加えた濁音は、さらなる力強さと膨張感、飛び散る賑やかさを加え、エンターテインメントの興奮を引き起こす。

科学、鉄道、銀河、銀座……昔も今も、男たちのロマンを掻き立てる単語は、濁音＋ブレイクスルー系清音のみで構成されている。中学時代のささやかなお年玉を鉄道模型や天体望遠鏡に捧げたかつての少年たちが、中年以降に銀座に交際費を捧げているのは、まったく同じ科学効果、すなわち、濁音＋ブレイクスルーの魔法にかかっているのではないだろうか。

というわけで、濁音は、とにもかくにも、「オトコ子ども」の好きな音。昔から怪獣の名前と漫画雑誌の名前は濁音が成功すると言われて久しいが、その背景には、生殖可能期間中のホルモンバランスの男子を興奮させるサブリミナル・インプレッションがあったのである。

たしかに、ジャンプ、マガジン、サンデー、モーニングと並べていくと、濁音傾向が強いように感じられる。少年漫画誌ではチャンピオン、青年漫画誌ではアクションがあるが、「濁音組」と比べて苦戦しているような気がする。ちなみに、チャンピオンの

「チャ」やアクションの「ショ」は、現役の男子ではなく、かつて少年だった大人たちの子供心を刺激する音なのだ。つまり、中年以上の大人が考える「想像上の子供音」なのである。これらの雑誌名の決定者は、おそらく大人の男たちで、比較的理性的な会議進行で付けたのではないだろうか。

もちろん少女雑誌も、リボン、マーガレット、セブンティーンと濁音一つ程度のラインナップならできるのだ。ただし、少女雑誌の場合は、濁音で始まるタイトルはほとんどない。また、二音以上の濁音を含む雑誌名も見つからない。

男の子が好む特撮モノやアニメも濁音でいっぱいだ。ゴジラ、ガメラ、ピグモン、カネゴン、ガンダム、デビルマン等々。「機動戦士ガンダム」の戦闘アイテムの名前を並べてみよう。ガンダム、ガンタンク、ガンキャノン、ザク、ドム、ジム、ズゴック、ゴッグ、アッガイ、ゲルググ(以上、戦闘用ロボット)、ビームライフル、ハイパーバズーカ、ガンダムハンマー、ビームジャベリン、ビームサーベル(以上、戦闘用武器)。

このガンダム・ワールドでは、濁音なしの語を探す方がずっと難しい。わずかに戦闘機コアファイター、スカイフィッシュくらいだろうか。濁音は重いので、スピード感重視の戦闘機にはそぐわない。

ガンダムがいつまでも男たちを興奮させるのは、どうも、その物語とフィギュアだけではなさそうだ。ガンダム、ゲルググ、ザク、ビームジャベリン……男性なら、唱えているだけで気持ちよくなってきませんか？　一説にはシャンダムという別名も候補にあげられていたそうだが、シャンダムだったら、男たちをここまで興奮させただろうか。

吐き出すブレイクスルー系

ブレイクスルー系の七音全体（P、K、T、B、G、D、Z）に話を広げてみよう。ブレイクスルー系の音が短い単語の中に重なると、ことばは吐き出すようなイメージになり、印象は強いけれど、少し品のないサブリミナル・インプレッションも引き起こす。

幼児が喧嘩相手を威嚇するときに使うバカ、バッチィなど、まさに「吐き出すようなことば」。バッタ、カバなどは、「本人」が悪いわけじゃないのに、あまり品のいい比喩には使われない。ビッチはとても英語つづりでは書けない単語だし、ちょっと気付かないけれど、ピンクもブレイクスルー系。ピンクが風俗営業系のサービス名称に使われてしまうのは、色のクオリアだけじゃなく、音のクオリアのせいでもあるのだ。

ちなみに、女性でも子どもはブレイクスルー音が好きだし、出産可能期の女性はこの音にタフだが、気をつけなければいけないのは更年期以降の女性たちである。繁殖に関わるホルモンが衰退すると、ブレイクスルーの連続音はキツイ。彼女たちの神経を攻撃して痛めつけるのだ。

だから、「ババア」と吐き出すように言う男の方は気持ちいいだろうが、言われる方は、ことばの音のクオリアだけで大打撃を受ける。脳のクオリアから言ったら暴力と同じ効果、「ババア発言」は想像を絶するほどの痛みを相手に与える。そのショックは、意味をはるかに超える。石原慎太郎都知事が「文明がもたらしたもっとも悪しき有害なものはババア」と発言して、物議を醸したことは記憶に新しい。その表現の内容もさることながら、響きが反感を招いたのは間違いない。一般の紳士の方々も、意味を超えた遺恨を残すので、本当に気をつけた方がいい。

ネーミングの分野では、その放出感から散財衝動を引き起こすブレイクスルー系は、大いに使いでがある。ただし、女性市場の場合は、ターゲットの年齢層により、組み合わせることばとの響き合いを見ながら、この音のクオリアをうまくアクセントに使うといい。

母音は世界観を作る

ここまでは子音のクオリアについて見てきた。では、母音のクオリアはどうなっているのか。

母音は、声帯を鳴らすだけで発することができる音である。喉、舌、歯、唇にいっさいの細工をしないで、口腔のかたちだけで母音のバリエーションは作られる。

医者に喉を見せるとき、私たちは、奥までしっかり見せるために、下あごをしっかり引き下げ、唇、歯、舌、喉を全開にする。これは、人間が口腔を最も大きな空間にした瞬間である。縦・横・奥行きをすべて開いたこのかたちで出す声、小児科医は「あ〜ん」と表するが、実は日本語の母音の中にはない。

私たちの出すアは、この全方位全開の口腔から見ると、奥行きを少しつぶしたかたちになっている。つまり、口腔前方（唇側）を無邪気な感じに開放的にあけるのが、日本語の平均的なア、母音のaである。地方によっては、口をあまり大きく開けない奥まったaもあるものの、おおよそ「口腔前方を開放的に開ける。奥は閉じぎみ」という概念で一致する。各国語のaも、この概念の範疇《はんちゅう》に入る。

このアの口腔前方位置のテンションをキープしたまま、唇を縦に閉じぎみにして横に引っ張ればイになる。

唇を縦も横も閉じぎみにして、テンションを口腔中央に持ってきたのがウ。口腔中央には舌の厚みがあるので、手前も奥も閉じぎみにして中央を開けるこのu音が、母音中、最も小さな口腔空間になる。

そのままテンションを奥に広げ、口腔中央と奥を開けたのがオ。唇側を閉じぎみにして、奥行きをすべて広げたことになる。

さて、もう一度、頭の中の口腔をアのかたちに戻して欲しい。ここから、唇を縦にやや閉じぎみにして、テンションを下奥へ引っ張り込むようにして出すのがエだ。丸い奥行きのoに対し、低く平たい奥行きをキープするのがeなのである。

子音は、喉、舌、歯、唇などを使って出す、ことばの効果音である。私たちは、この効果音によってことばの質感を作り出すと同時に、脳の意識の質＝クオリアも作り出している。すなわち、ことばの発音構造（効果音の作成方法）は、そのままことばの質感であり、私たちの脳に浮かぶ意識の質感でもあるのだ。子音においては、舌を上あごに密着させたり、丸めたり、喉を硬くしたり、歯で息の乱気流を起こしたりという効果音作成法が、ことばの音の表情を作っているのである。

一方、母音においては、このような効果音を作り出す技法はいっさいない。母音が私たちの脳に提供してくれるイメージの違いは、口腔空間のかたちだけによる。母音のクオリアはここから創出される。

アイウエオのサブリミナル・インプレッション

アは、口腔前方を自然に開いた開放音である。明るく、自然で、あっけらかんとしている。単音のアは、何かに気付いたときに、自然に出る声だ。自宅にいるはずの妻を渋谷の雑踏で見かけたら、誰だって「あ」と声が出る。存在を認める音、認識の始点でもある。

大和ことばでは、意識の向かう対象物を「あ」と呼んだ。「あれ」の「あ」、「あなた」の「あ」である。と同時に、相手にとっての意識の対象である自分自身も「あ」(吾)であった。

イは、まっすぐに意識対象に突き進む音。対象物を突き抜けるほどの強いベクトルを感じさせる。アイは意味以前に、相手（ア）の胸に飛び込むサブリミナル・インプレッションを持っているし、息の温度と組み合わせたHiは熱く突き抜けるサブリミナル・インプレッション。乱気流音と組み合わせたSHiは水や光の帯を喚起する。

ウは小さな閉空間であり、口腔中央に作られるその閉空間は、自分の体内にある感じを喚起する。したがって、痛みをこらえる自然発生音は「う」、受け止めてキープする音である。

これに対し、オは大きな閉空間。自分の身体を包み込むような大きさの空間または物体を喚起させる。

a音とo音は共に大きさを感じさせるが、開口音aは開放感による場の大きさ、閉空間の音oは存在感による物体の大きさをイメージさせて、「大きさ」の質が違う。星いっぱいの夜空を見上げて出る感嘆音は「あー」だし、巨象を見て出る感嘆音は「おー」である。

エは口腔内に生じる平たい奥行きである。ここから、平たい空間の広さ、遠さ、時の永遠をイメージさせる。また、下あごをスライドさせるように引き下げる発音動作は、身を低くして遠ざかる意識の質を喚起し、遜《へりくだ》りや奥ゆかしさ、心象によっては卑屈さや侮蔑感を表す。

さて、吾の音は、単音アが聞き取りにくいので、ボリュームアップ効果の子音Wが付いてワになり、リズム感を付けるためのRを組み合わせてワレとなる。つまり、ワレ(吾、我)は、意識の対象を認識するアを対話用に変化させた音韻だ。語尾母音のeは遜《へりくだ》りのクオリアを持っていて、ワレは、自分自身に使うと謙譲のイメージになり、相手に使うと侮蔑のイメージになる。自分をワレという奥ゆかしさと、相手をワレという陰険さはあまりにも違う。eのクオリアは、場や状況によって正反対の意味を見せるので、慎重を要する母音なのである。

同様の副次効果が、実は、語尾母音eの名前にある。ヨシエ、ヒロエ、ヤスエなど、語尾母音がeの名前は、奥ゆかしさが美しく、大人の女性向けのいい名なのだが、人に呼ばれたときに、呼ばれた本人が疎外感を感じることがある。他の姉妹兄弟がe音以外の語尾母音を持つような場合、なんだか自分だけ親に疎外されているような感じを受ける。「アヤ」「ユカリ」「ヨシエ」……声に出してみると、何の感情もないのに、ヨシエだけがほんの少し遠くにあるのがおわかりになるだろう。これは、語尾母音の効果であって親の愛情の差ではないので、ご本人はぜひ安心していただきたい。親の側は、語尾拍を柔和にして、Ye（ヨシエ→ヨシイェ）と発音する習慣にすると、ヨシエちゃんはずいぶんと傍にくるはずだ。

既に述べたように、日本語の子音拍は、すべて子音と母音のワンパックになっている。子音は、発音構造が複雑なので、発音構造の属性ごとに複数のクオリアを持っている。たとえば、K音であれば、喉を硬くする硬さのクオリア、息を強く出す強さのクオリア、口腔内を最速で抜ける息の、スピード感や渇きのクオリア、喉の丸さからのカーブや回転のクオリアが共存している。これらのクオリアと母音の空間イメージのクオリアが響きあって、拍のクオリアが出来上がるのだ。後続の母音によって、子音の発音構造も微妙に影響を受ける。したがって、同じ子音でも、母音ごとに引き出してくる子音のクオリアが違っているのである。

そうはいいながら、私たちの脳は、音素単品のクオリアも味わっている。一拍目の子音と二拍目の子音の響き合いも重要だし、全体の母音の流れも、ことばのサブリミナル・インプレッションに大きな影響を与えている。

母音流れとは、ホタルHo-Ta-Ruならoau、バナナBa-Na-Naならaaaとなるような、子音抜きの音構造を言う。

開放感（a）から存在感（o）への流れなのか、受け止めて（u）離れる（e）流れなのか。このような語の母音流れは、語の起承転結、すなわち語の世界観を作り出す。無視できない分析要素の一つである。

さらに、完全開音節の日本語は語尾母音によって、まったく違う様相を見せる。語が開放感のaで終わるのか、存在感のoで終わるのか、受け止めるuなのか、親密感のiなのか、奥ゆかしさのeなのか。語尾母音をaからoに変えるだけで、アヤカのあっけらかんとした開放感は、アヤコのおっとりとした存在感に変わる。iからaに変わるだけで、親密感のあるカズミが、カズマのリーダーシップに変わる。特に人名・企業名の分析では、語尾母音は重要である。

エントロピー増大関数としての「Y」「W」

YとWは、他の子音とは、少し違う役割を担っている。直前のことばの音（拍、子音）や直後の母音のクオリアを演出する関数、とでも言えばいいだろうか。オリジナルの日本語の音にはないが、V音も同様の効果を持っている。

Y音は、直前のことばの音を和らげ、そのクオリアを拡散・昇華させる効果を持っている。いわばエントロピー増大の音なのである。

子音＋Y音の組み合わせは、拗音と呼ばれる。日本語でいえば、キャ、キュ、キョなどの小さな「ャ」を使う音たちだ。アルファベット表記では、SH、CH、Ca、Q、Vなどの音になる。Y音が直前の子音を演出する例として、この拗音は好例である。

パ、プ、ポといえば軽く弾ける音だが、ピャ、ピュ、ピョといえば、弾けた後、液体が拡散して飛び散った印象になる。サ、ス、ソはすべる音だが、シャ、シュ、ショとなると光や水が拡散する印象になる。カ、ク、コは確実性の音だが、キャ、キュ、キョとなると何が起こるかわからない印象になる。

キャは若い女の子が驚いたときに出す音声、キョはキョトン、キョロキョロなどわけのわからなさを表す擬音・擬態語に使われている。キュートといえば聞こえがいいが、若い女の子の分別の欠けた愛らしさである。すなわち、Kの拗音は、大人の男の愛するKの確実性の拡散・消滅だ。ハードボイルドな音が、オンナ子どもの音になる。

日本には、紗《しゃ》と呼ばれる美しい着物の素材がある。透けて見える薄物の生地で、夏の着物に使う。下に着る襦袢《じゅばん》の地模様にもやがかかったようになって、模様の輪郭だけ浮かび上がり、着物の主が動く度にちらちらと揺れるのだ。この紗重ねの効果は、まさに拗音効果に似ている。よくぞ、この着物にシャという音を与えたものだと思う。

Y音は、まるで魔法のように、ことばに紗をかける。サブリミナル・インプレッションに大きな影響を及ぼす、エントロピー増大関数なのである。拗音は、そのパッケージ製品のようなものだ。

なのに、アルファベット表記の言語は、拗音とY音を一括りにするすべを知らない。日本語が持つ拗音という属性の素晴らしさを思わずにはいられない。

Y音が直前の拍のクオリアを和らげる演出効果の例では、ヒヤヒヤ（冷やす）、スヤスヤ、アヤ（怪しい・妖しい）などが挙げられる。

「ヒヤヒヤする」は、温かい皮膚に、冷たい空気や物が触れたときの感触を表す擬音・擬態語である。ひたすら冷たいのではなく、「温かかったり冷えたりする」あるいは「冷たさが強まったり弱まったりする」ゆらぎの冷えのイメージだ。

ゆらぎの秘密は、二拍目の子音Yにある。Hのクオリアの節で述べたように、Hiは、熱さと冷たさの質を共に持つ。ヒヤHi-Yaは、熱さや冷たさの象を先にあげて、それをY音で拡散・昇華している。温かいものを冷やす、あるいは冷たさが和らぐというクオリアのストーリーがあるのだ。SやRのように、最初からそこにある爽快感や冷感では表現できないのである。

スヤスヤは、赤ん坊の健やかな寝息を表す擬音・擬態語だ。深い呼吸では、吐く息と吸う息のどちらにもスーという音がする。呼吸音だけを並べれば「スースー眠る」となる。だが、「スースー」では、「スヤスヤ」の持っている健やかなイメージが出せないのにお気づきだろうか。子供が熱を出して寝ているとき、母親は「スヤスヤ眠っている」とは言わない。あえて寝息に言及するのであれば、「解熱剤を飲ませたら、スースー寝息を立てて寝ているわ」である。誰に教わるわけでもないのに、私たちは、スヤスヤが健康な寝息だと知っている。

呼気と吸気の間で息の方向が変わるとき、呼吸音が和らぎ、かすかになり、分岐点で無音になる。健康な深い眠りでは、この呼吸音が和らぐ時間が長い。苦しい呼吸では、呼吸の分岐点で無音になる手前まで和らぐことがない。スヤスヤは、ス（呼吸音）が和らぐイメージを二つ並べて、健康な深い眠りを表現しているのである。

「怪しい」「妖しい」も、二拍目の子音Yに秘密がある。アヤA-Yaは、存在を確認する母音アのクオリアを拡散・昇華して、ありやなしやの怪しげな存在感を表現しているのだ。

なお、語の先頭のY音は、語全体に障子越しの太陽光を当てたような、やわらかなイメージを作り上げる。ユウコ、ユカリ、ヨーコなどのY音で始まる名前は、名乗る度に、名前の持ち主をふんわりとした障子越しの陽光で包んでいる。

veil（薄物の幕、蚊帳）やvelvet（ビロード）に使われているV音は、Y音に似た「やわらかな光」の象だが、Y音が明るさの中で障子越しに作り出すやわらかな光であるのに対し、V音は仄《ほの》かな暗さの中のぼんやりした光である。ろうそくや月光のイメージに近い。

拡散・昇華の関数があるのであれば、膨張・拡散の関数もある。W音である。Wは、直前の拍や後続の母音のボリュームアップを演出している。W音のボリュームアップ効果は、PやBのようなきっぱりとした膨張感ではなく、輪郭がぼやける拡散型の膨張。W音もまた、エントロピー増大関数だ。

「フワリと膨らむ」「ボワッと火が付く」は、直前拍をボリュームアップして、空気感のあるものが膨らんでいく情景や、膨張が拡散する情景を演出している。

ワWaやヲWoのWは、母音a、oのクオリアをふんわりとボリュームアップしている。ことばの音から見れば、子音拍というより、強調された母音拍と解釈すべきだ。

Waは、存在の認識点を表すa音をボリュームアップして、音自体を聞き取りやすくすると共に、存在点をもう少し厚みのある「存在雲」に仕立てている。同じ存在を指すことばでも、アレA-ReよりもワレWa-Reのほうが、ぼんやりとだけれど大きい存在になる。確かに、離れている他者は小さくて全体がはっきり認識できるが、自分自身は大きくてぼんやりしている（全体は見えない）。ワイワイ、ワクワクは、積乱雲のように膨張・拡散する心象を表す擬音・擬態語だ。

Woは、大きな存在感、重量感のo音をボリュームアップしている。ヲは現代の日本語では明示的には使われない音になってしまっているので、擬音・擬態語などの引用はできないが、助詞「を」を習った学童時代、「お」は「軽いオ」、「を」は「重いヲ」と教わった人も多いのではないだろうか。

W音における、直前の拍のクオリアをボリュームアップする効果では、Ka-Wa（川）やSa-Wa（沢）を挙げよう。どちらも下流へ向かって広がる水の流れを表す。

ところで、「川」と「沢」の意味の区別はなかなか難しい。沢の方が規模が小さいかと言えばそうでもなく、里の小川よりも、山の沢の方が迫力があったりする。では山の渓流を沢と言うのかといえばそうでもなく、里の沢もある。

ことばの音のクオリアからみると、川も沢も、スピード感のあるKとSを語頭に当て、やがて広がる流れを表すWaを二拍目に持ってきている。KとSのスピード感は、流体イメージにおいてはそう変わらない。しかし、一つだけ、注目すべきクオリアがある。Sの表層感である。

「沢」は、Sの表層感によって、浅さのクオリアを持っている。Sa-Waは浅く、Ka-Waは深さを特に規定しない。ここから類推すると、川の中でも浅く、すべるような流れを髣髴とさせるものが、特に沢と呼ばれているのではないだろうか。私の知る限りでは、このSa-Waのサブリミナル・インプレッションと意味は連動している。

ことばのサブリミナル・インプレッションは、意味に引きずられずに分析しなくてはならないが、世の中の事象を表す自然発生のことばの多くは、意味とサブリミナル・インプレッションが強く関係している。意味がはっきり区別できない語を、サブリミナル・インプレッションで比較すると、境界がはっきり見えてくることがあって面白い。

さて、以上、YとWの二つのエントロピー増大効果は、ことばの音として、非常に面白い効果であるのがわかっていただけたと思う。このような効果音の存在によって、ことばのサブリミナル・インプレッションが、単なる「ことばの音」のクオリアの足し算では検証できないことがわかる。「ことば」は、「ことばの音」のクオリアの響き合いとストーリー（文脈）が詰まったもの、すなわち音楽の楽譜にやはりよく似ているのである。

ちなみに、What、Whoなど英語で疑問詞に使われるWhは、発音してみるとWの拗音に当たる。輪郭をぼやかす拡散の関数を二つ並べて疑問詞にするとは、英語人もなかなかやるものだ。

第5章　ブランドマントラになった商品名たち

未来に向かって走るブランド

本章では、「ブランドマントラ」の実例をあげよう。すなわち、単にブランドネーム（商品名）でありながら、その秀逸なサブリミナル・インプレッションによって、イメージ構築に一役買っている好例や、その逆の例について述べる。

前章で述べてきたクオリア、サブリミナル・インプレッションが、実際のビジネスの場面では、どのように作用しているかを見てみよう。まずは新幹線についてである。

「ひかり」Hi-Ka-Riの先頭拍Hiは、日本語の拍の中で最も「早い」クオリアを持っている。Hiは、息が気管から口元まで抜けるのが極めて早い。その速さは未来を感じさせる。と同時に、体内温を含んでいるので熱く、舌に絡まないので乾いている。日Hi、火Hiなどは、このHi拍の熱いドライ感を意味に直結させた語になる。

光Hi-Ka-Riでは、先頭拍Hiの「早さ」のクオリアと、第二子音Kの「速さ」のクオリアが響き合い、「未来に向かって走る」スピード感が創生されている。さらに、第二拍Kaは輝きのクオリアである。ここではKは二つの役割を担っていることになる。最後の子音Rは透明感を提供し、語尾母音のiも突き刺すようなスピード感を提供する。

すなわち、「ひかり」は、未来＋スピード感＋輝き＋透明＋スピード感で構成されており、光のイメージそのもののサブリミナル・インプレッションなのである。

当然、「ひかり」は大和ことばの中でも最もスピード感があり、光り輝くサブリミナル・インプレッションを持つことばである。四十年前、未来の超特急に「ひかり」と命名したのは、公募によって多くの支持を得た結果だそうだが、それは大衆の感性の確かさの証ではないだろうか。

ちなみに、大和ことば由来の語では、「ひかり」以上のスピード感を期待することはなかなか難しい。「ひかり」を超える特急の名称は、従来通り大和ことばに求めるのであればスピード感以外の属性に着目するしかないし、スピード感にこだわるならば、外来語（カタカナ語）に求めるしかない。その模範解答が「のぞみ」と「カシオペア」だろう。

「のぞみ」には、気品と高級感があり、癒《いや》しの気が満ちている。しっとりと抱きしめられて、大切に運んでくれる超高級特急のイメージになる。そうはいいながら、語尾拍のMiの愛らしい充実感により、のびのびとした躍動感が演出されている。「動くもの」に必要な属性はしっかりキープしている。

一方、「カシオペア」は文句なく速い。先頭のKaのスピード感のクオリアを、二拍目のSHiの光拡散効果が強調している。Ka-SHiと発音すると、光が走るのを感じないだろうか。この二拍は、H音を使わずとも光のスピード感をしっかり演出しているのだ。四拍目のPeが一気に遠のく感じ、語尾拍のaは明るい未来を暗示する。「カシオペア」もまた、未来に向かって走っているのだ。

共に未来に向かって走る「ひかり」と「カシオペア」。ただし、「ひかり」は思いつめた熱い感じ、「カシオペア」はもう少しクールで、気楽な娯楽性を感じさせる。それぞれの特急が生まれた時代の、大衆の感性の違いなのかもしれない。

（一五六〜一五八ページのレーダーチャート参照）

「ひかり」のサブリミナル・インプレッション

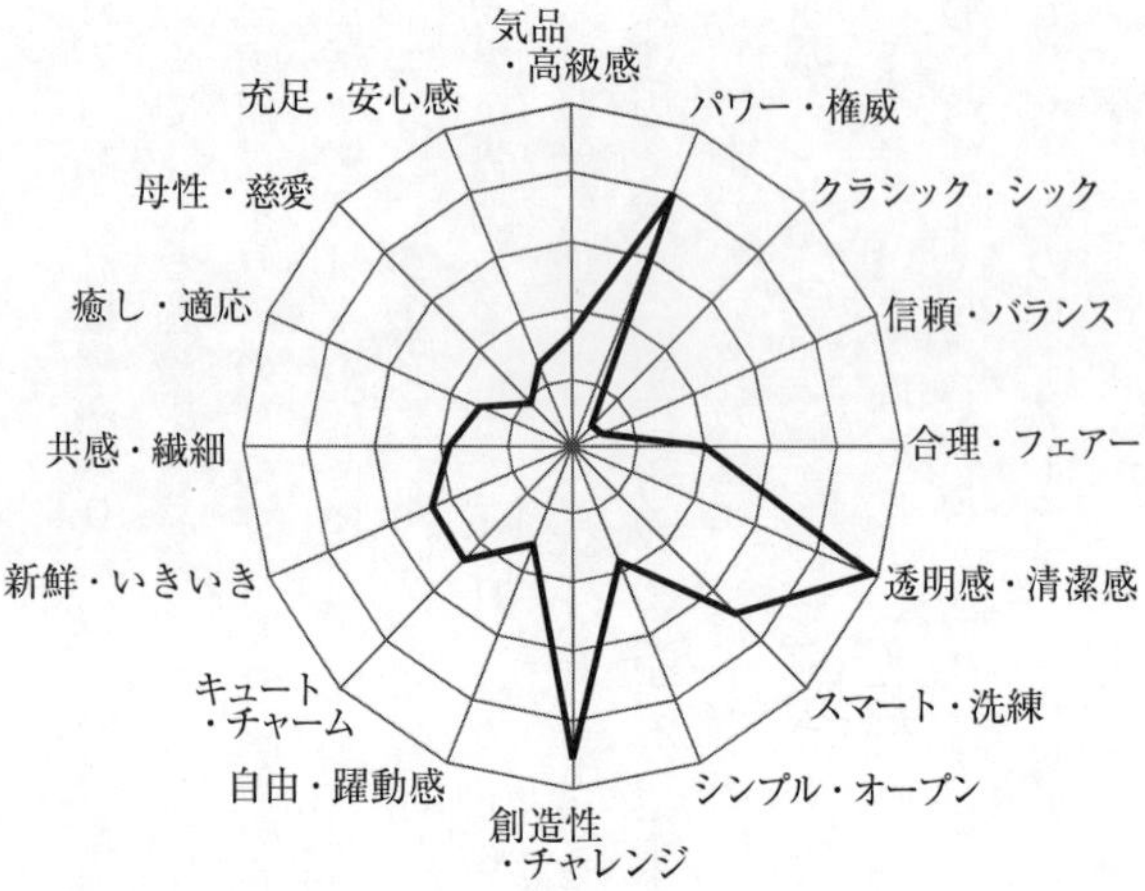

「パワー・権威」「透明感・清潔感」「創造性・チャレンジ」が突出している。未来へ突き進んでいくイメージが湧いてくるのは、そのためである。

「のぞみ」のサブリミナル・インプレッション

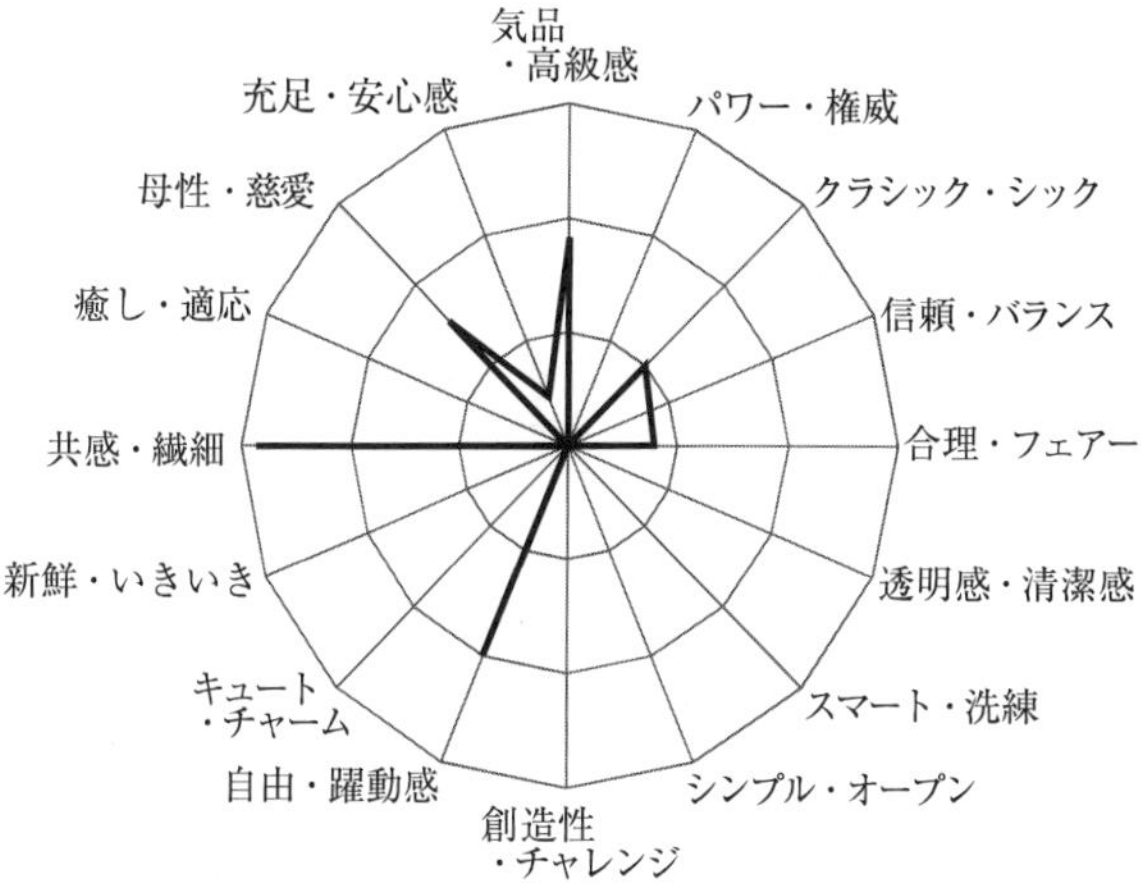

「ひかり」と比べると、まったく異なる形。実際の速度はこちらのほうが速いのだが、あえてそれを強調せずに、繊細なイメージが打ち出されている。そのほうが安心して乗れそうだ。

「カシオペア」のサブリミナル・インプレッション

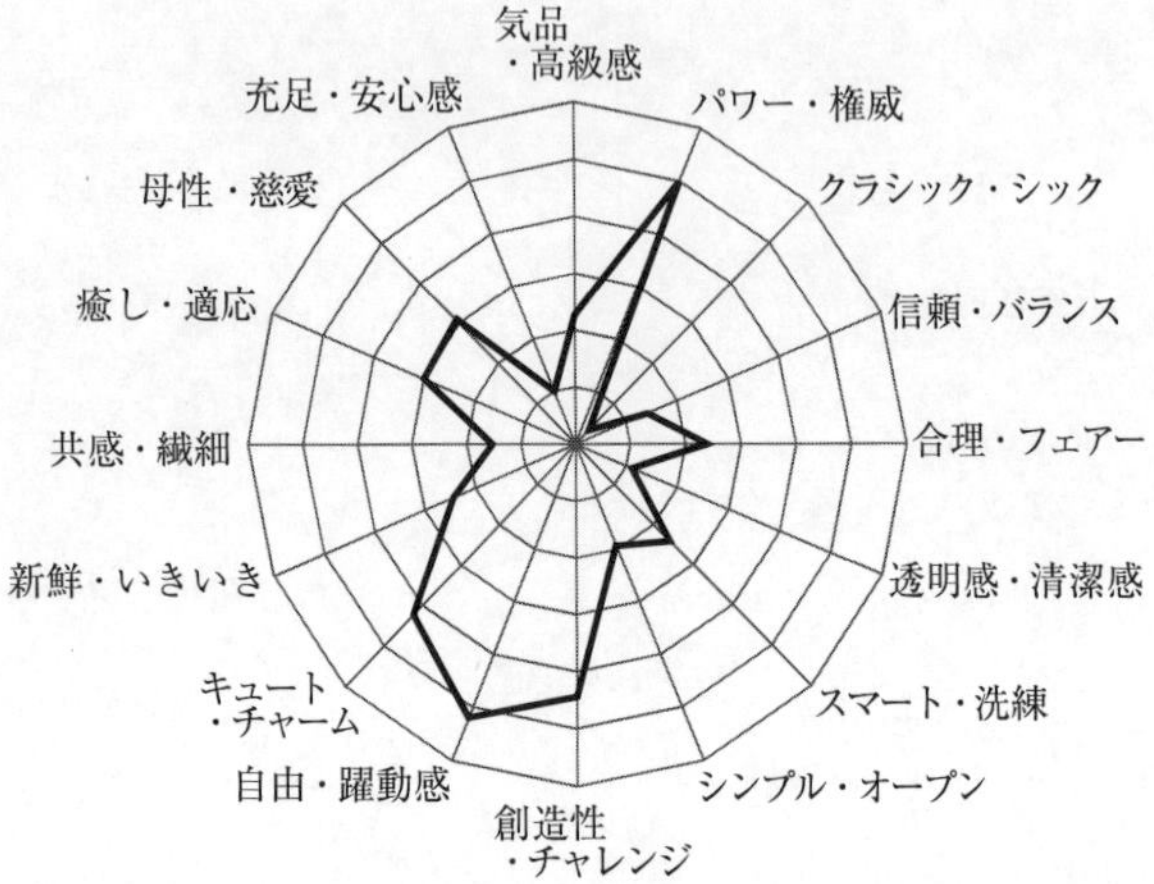

「自由・躍動感」「キュート・チャーム」「パワー・権威」が強いが、「母性・慈愛」「癒し・適応」のインプレッションもある。寝台特急なので、こういうイメージがあることはマイナスにはならない。

トマトジュースが甘い理由

トマトジュースには、カゴメ、キリン、デルモンテという三大ブランドがある。トマトジュースというのは不思議な商品で、どのブランドもパッケージのデザインイメージがほとんど変わらない。

実は、味も実際に飲み比べてみると、そう変わらないのである。それより、同一ブランド内の別商品の方が味に振れ幅がある。今や、トマトジュースは、さらり感や塩味などの好みに合わせて、さまざまな商品が出ている時代なのだ。素材が自然物である以上、おそらく、トマトの収穫年度によっても差があるに違いない。

では、売り上げもどんぐりの背比べなのかというと、それがそうではないのだ。売り上げから言うと、カゴメが圧倒的な第一シェアである。飲料業界の雄・キリンが参入しても、カゴメの地位は揺るがない。また、ホテルのダイニングやバーで見かけるトマトジュースはデルモンテが多く、ブランド力（ありがたさ）については、明らかにこの世界ブランドに軍配が上がっている。なのに、スーパーの棚で、主婦が手を伸ばす「我が家のトマトジュース」は、カゴメなのである。カゴメに、トマトのカリスマたるにふさわしい伝説があるわけでもないのに（あったとしても、一般の主婦がスーパーの棚でいちいち思い出すほどに知れ渡ってはいない）。

なぜ、カゴメなのだろう。ふと思いついて、カゴメ、キリン、デルモンテのサブリミナル・インプレッションを算出してみて、改めて驚いたのである。

この三ブランドのレーダーチャート（一六四〜一六六ページ）をご覧いただきたい。キリンの「甘さ・コク」の象限《しょうげん》が削ぎ落としたように欠けているのに気付かれると思う。キリンは、圧倒的に「キレ・爽快感」のブランドネームだ。これに透明感のRiが効いて、「すっきりキレがあり、後味さっぱり」の印象を作り出している。まさに、ここのところのキリンの発泡酒戦略そのもののサブリミナル・インプレッションなのだ。

ちなみに、ビール業界においてキリンと両雄のアサヒは、「辛口・ドライ」でフレッシュ。タフな男っぽい印象で、クールな都会派キリンとは好対照にある。どちらも自らのメインブランドの強みをよく知っているようで、キリンは「キレ・爽快感」を増強するタンレイ（淡麗）をサブブランドに、アサヒは「辛口・ドライ」とフレッシュ感を増強するスーパードライをサブブランドに持ってきて成功している。

ちなみに、キリンラガーは、キリンの弱点「辛口・ドライ」「コク」をラガーで増強して、バランスの良い全方位型のサブリミナル・インプレッションを作り出している。

バランスの良いサブリミナル・インプレッションの商品は、若者には受けにくいが、大人の定番として長く愛される。若者をクールなタンレイ（淡麗）で惹きつけ、やがて大人の定番キリンラガーの固定客に持ってくる……キリンは、いいコンビネーションのブランドマントラを持っている。いっそ、広告の方向性も、しっかり二分した方がいい。

また、キリンのサブリミナル・インプレッションは、キリンレモンのようなクールな炭酸飲料にもよく似合う。スパイシーな野菜ジュースともまずまずの相性だ。しかしながら、トマトジュースとなると……。フルーティな「カゴメ」の隣に並んでしまうと、どうにも女性たちに触れてもらえない。キリンの秀逸なブランドマントラ群の中で、キリントマトジュースだけが、どうにも及第点をあげられないのである。

一方、カゴメは、透明感と涼やかさのRを二音重ねたリリコ（凜々子）というサブブランドによって、弱点の「キレ・爽快感」を補完し、「甘さ・コク」を嫌うあっさり好みの市場までをきちんとカバーしている。メインブランドの印象が強いだけに、サブブランド戦略もシンプルに展開できる。単一商材ブランドの強みがここにある。

実は、トマトジュース市場におけるキリンの苦戦は、あるフィールドで成功したブランドが商材を増やす際によく当たる壁なのである。成功しているということは、メインの商材にサブリミナル・インプレッションの照準が合っているということに他ならない。既存商材（顕在脳）とサブリミナル・インプレッション（潜在脳）の両方で築き上げたイメージはあまりにも強い。新たに展開する商品のイメージと、メインブランドのイメージの相性を慎重に見定めないと、無駄な障害を自分で作ることになる。

ちなみに、ミツカン酢で有名なミツカンは、納豆の人気ブランド「金のつぶ」を持っている。当初、メーカー名ミツカンを目立たせなかったのは、酢と納豆の味のミスマッチを心配したのだろうか。たしかに顕在脳では「酸っぱい納豆？」とちょっと引く気もするが、根はもう少し深いところにある。ナットウという音にはまったくない「キレ・爽快感」のイメージが、ミツカンには強くあるのだ。透明感もある。酢には不可欠のこの二つのイメージが、ねばり（キレの対極）と滋味（透明感の対極）の納豆には合わない。いきなり「ミツカン納豆」では、市場が敬遠したはずである。

一方で、ミツカンのサブリミナル・インプレッションはコクがあり艶《つや》もありふっくらしていて、この点については納豆との相性は悪くないのだ。

ミツカンは、二〇〇四年、健康食品の総合メーカーとしてイメージ展開することを機に、少しずつ露出している。サブブランド「金のつぶ」が根付いた今の「ミツカン納豆」、私は悪くないと思う。

トマトジュースに話を戻そう。甘さのカゴメ、キレのキリンに対し、デルモンテのサブリミナル・インプレッションは平均して優等生であり、味というよりは老舗《しにせ》の信頼を強く感じさせて、半ばの成功を収めている。私などは、一九六〇年代の古き良きアメリカのテレビドラマで育った世代なので、この手のアメリカンブランドには憧れを感じてしまうクチだ。コカ・コーラやセブンアップをかっこいいと思い、ハンバーガーに憧れた今の五十代以上の男性陣には、デルモンテ派は意外に多いのではないだろうか。

というわけで、カゴメは甘く、キリンはさっぱり、デルモンテはしっかり、という大衆の印象は、ブランド名のサブリミナル・インプレッションそのものなのである。

類似商品がスーパーの同じ棚にならぶ分野の商品で、どれを最初に手に取るかという選択では、サブリミナル・インプレッションの影響が思った以上に大きい。コーヒー、ビール、チョコレート、シャンプー、洗剤、生理用品などなど、一度、ご自分の愛用の理由と、ブランド名の印象を検証してみてはいかがだろうか。案外、潜在脳が、あなたを操っているかもしれない。

「カゴメ」のサブリミナル・インプレッション

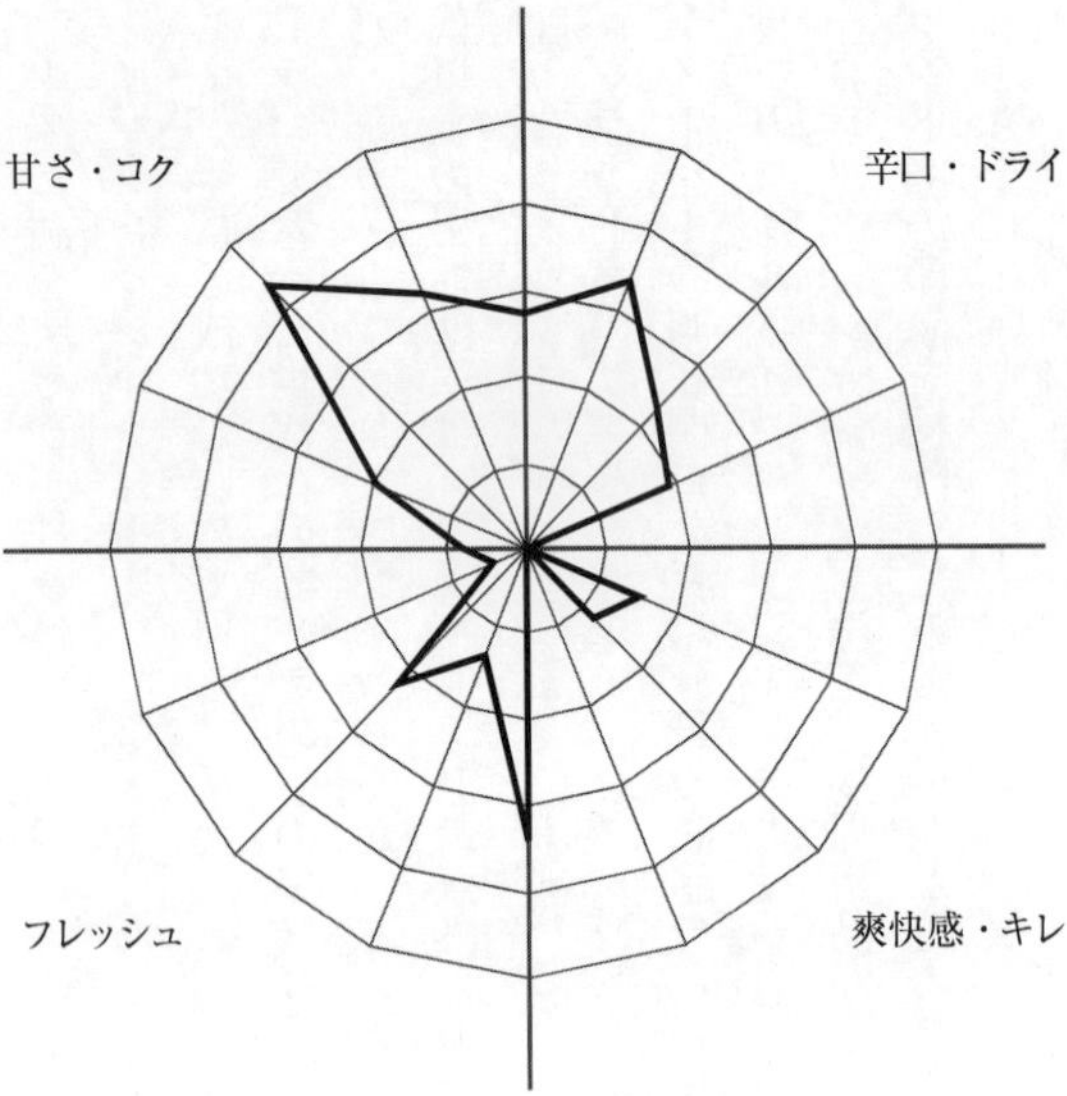

甘さ・コク	33.8	辛口・ドライ	33.1
フレッシュ	24.0	爽快感・キレ	9.1

各クオリアを4つの上位概念で分類して作成したレーダーチャート。コク、ドライ感は十分だが、フレッシュ感、キレが不足している。

「キリン」のサブリミナル・インプレッション

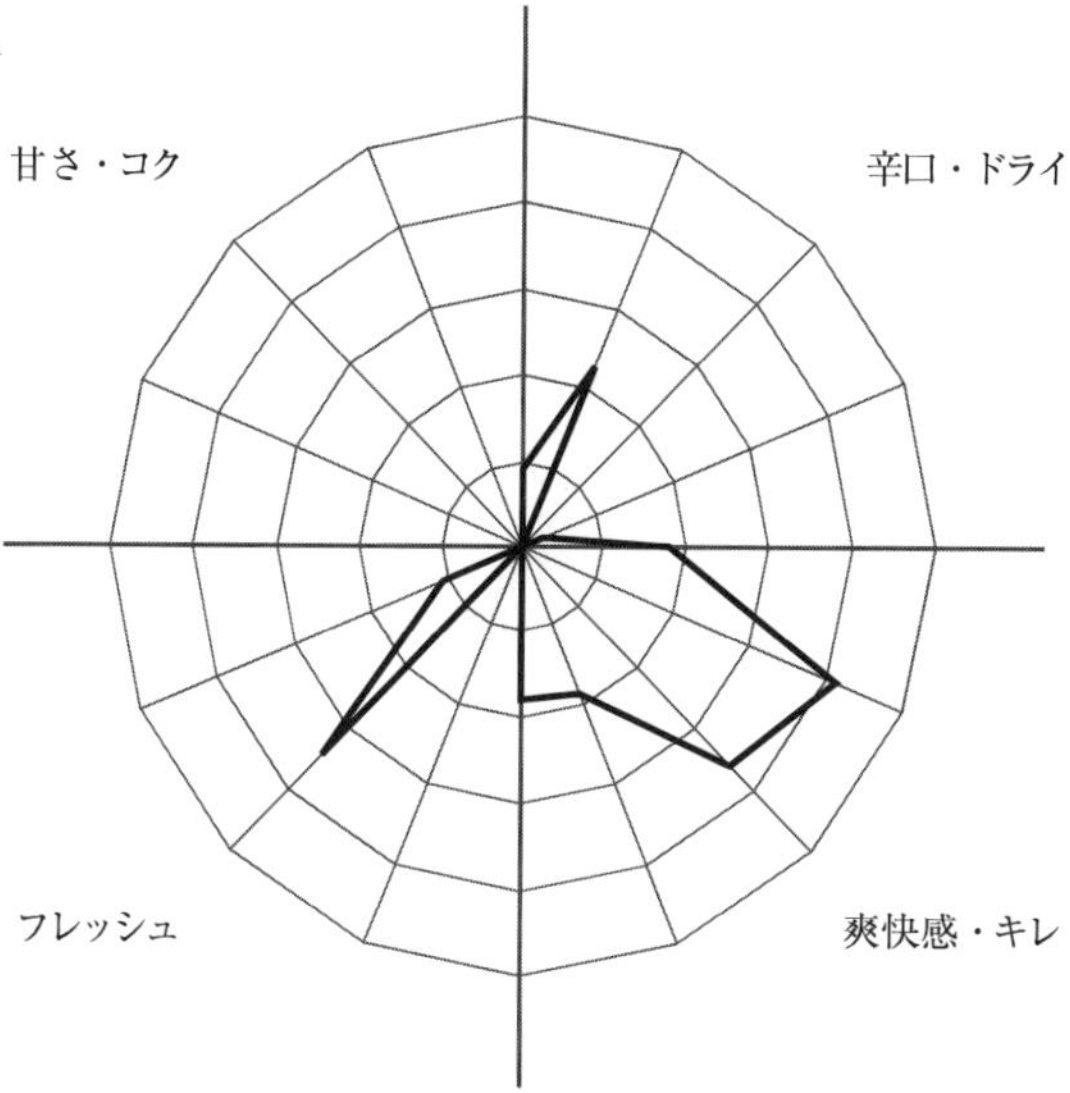

甘さ・コク	0	辛口・ドライ	17.1
フレッシュ	29.9	爽快感・キレ	53.1

コクが無く、フレッシュ感はあっても弱いのが
トマトジュースとしては辛いところ。

「デルモンテ」のサブリミナル・インプレッション

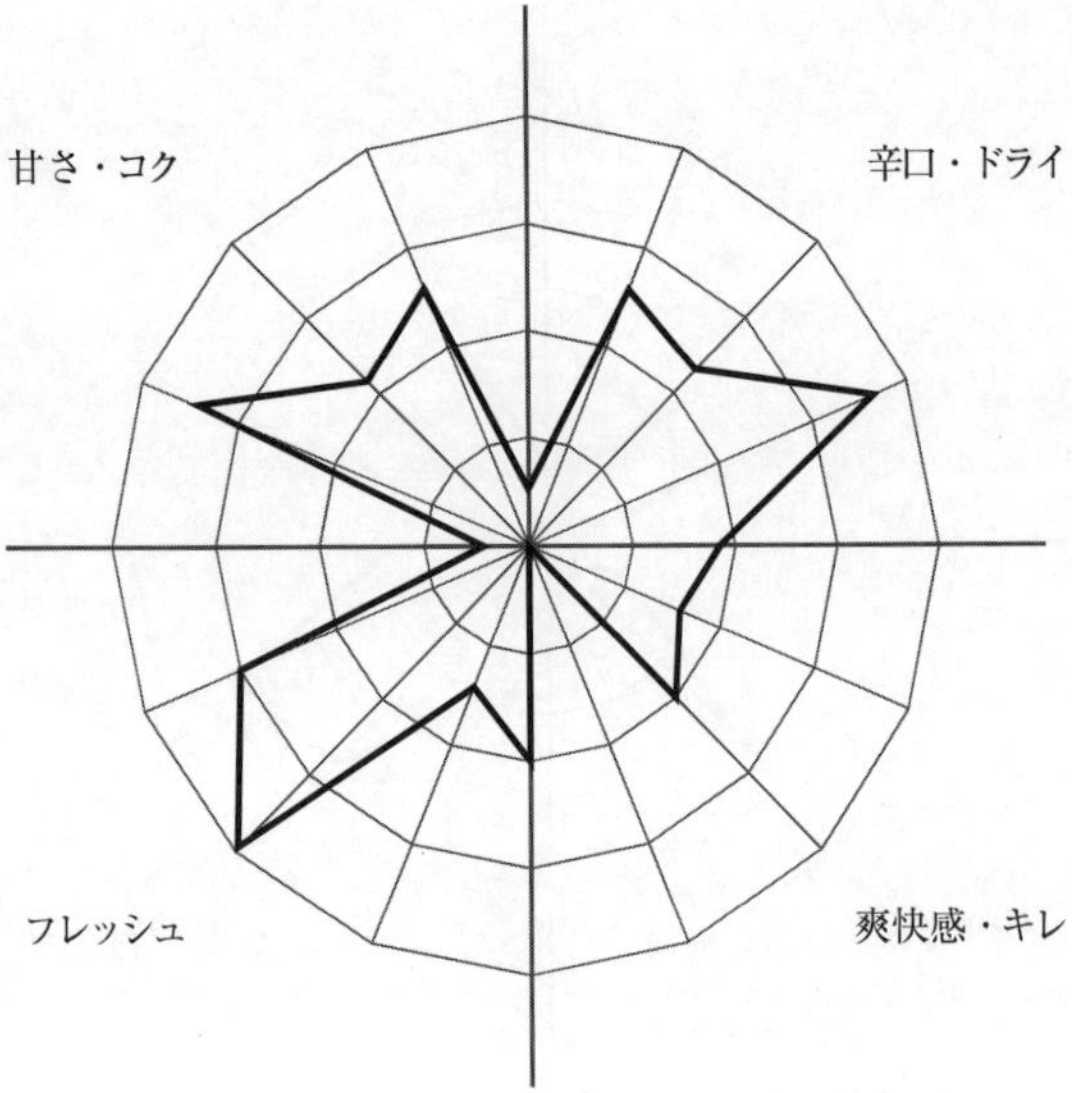

甘さ・コク	26.0	辛口・ドライ	26.9
フレッシュ	31.1	爽快感・キレ	15.9

コクがあり、フレッシュ感もある。まさにトマトジュースにはぴったりのブランド名に見える。

「凜々子（リリコ）」のサブリミナル・インプレッション

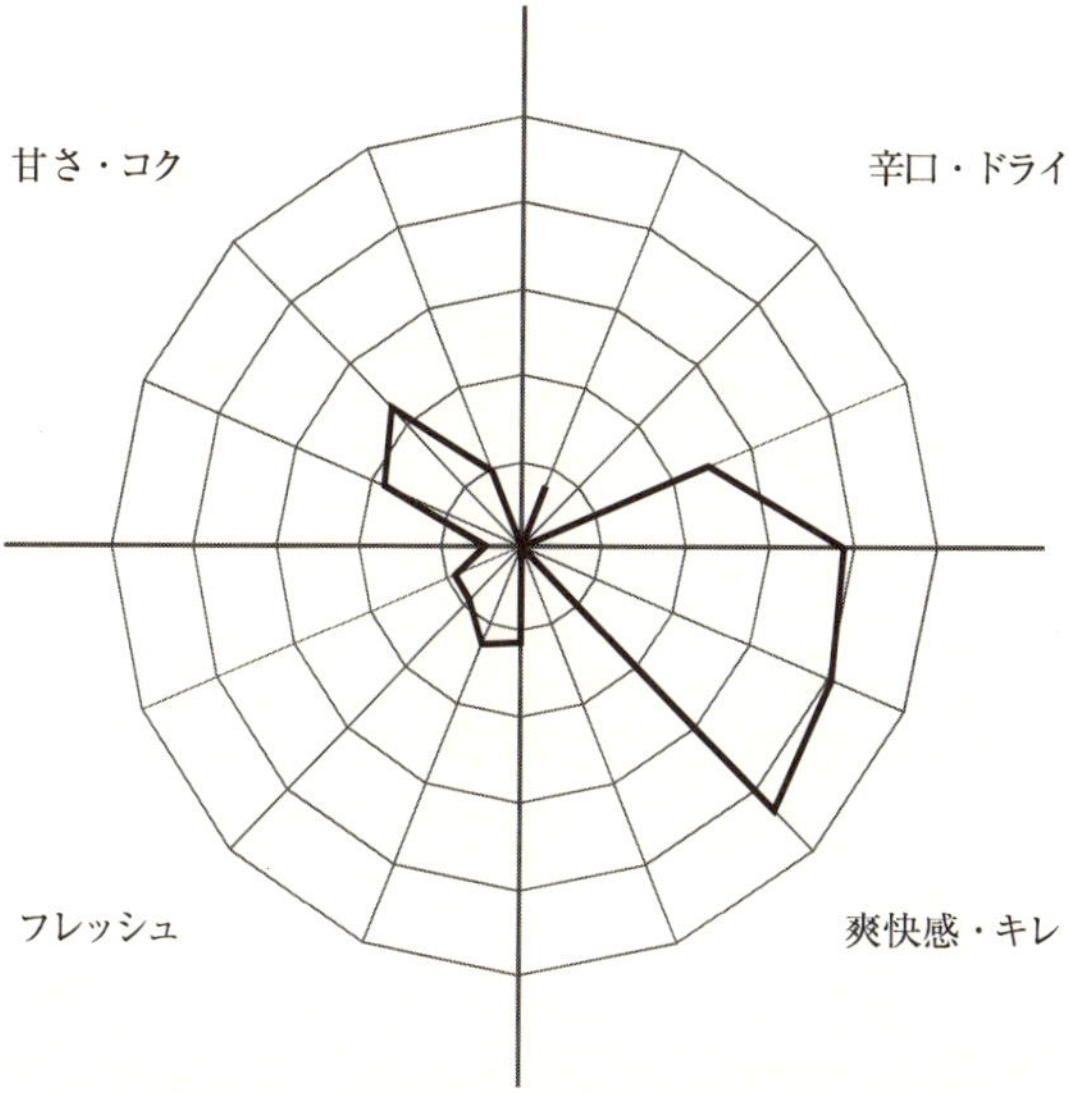

甘さ・コク　21.6　　辛口・ドライ　12.8
フレッシュ　16.4　　爽快感・キレ　49.2

「カゴメ」だけでは出せなかった「爽快感・キレ」を補完するネーミングは見事である。

「スーパードライ」のサブリミナル・インプレッション

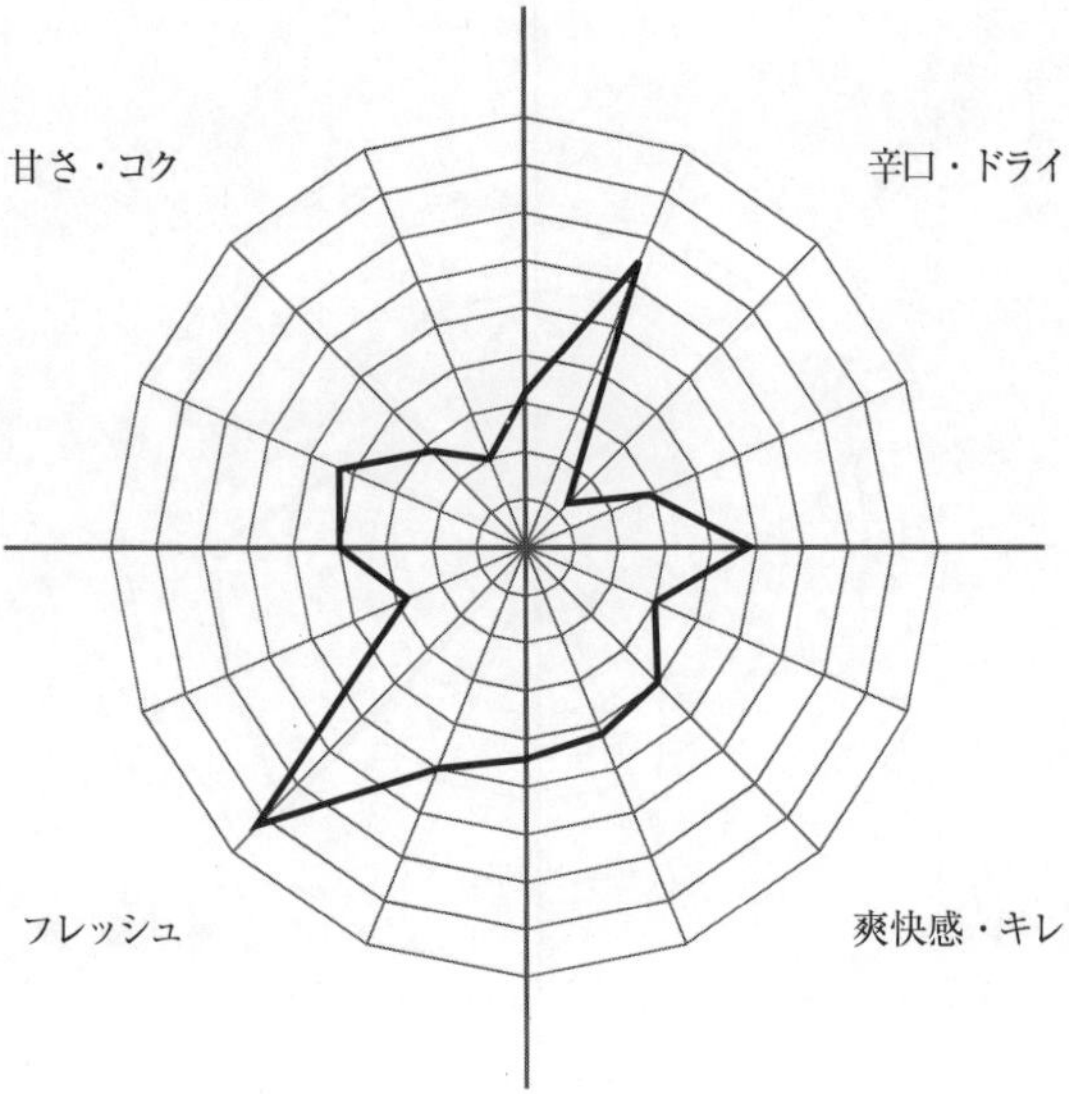

甘さ・コク	20.5	辛口・ドライ	21.8
フレッシュ	32.3	爽快感・キレ	25.4

「辛口・ドライ」と「フレッシュ」が強い。「アサヒ」と合わせると、その印象がより強化されるネーミング。

「アサヒ」のサブリミナル・インプレッション

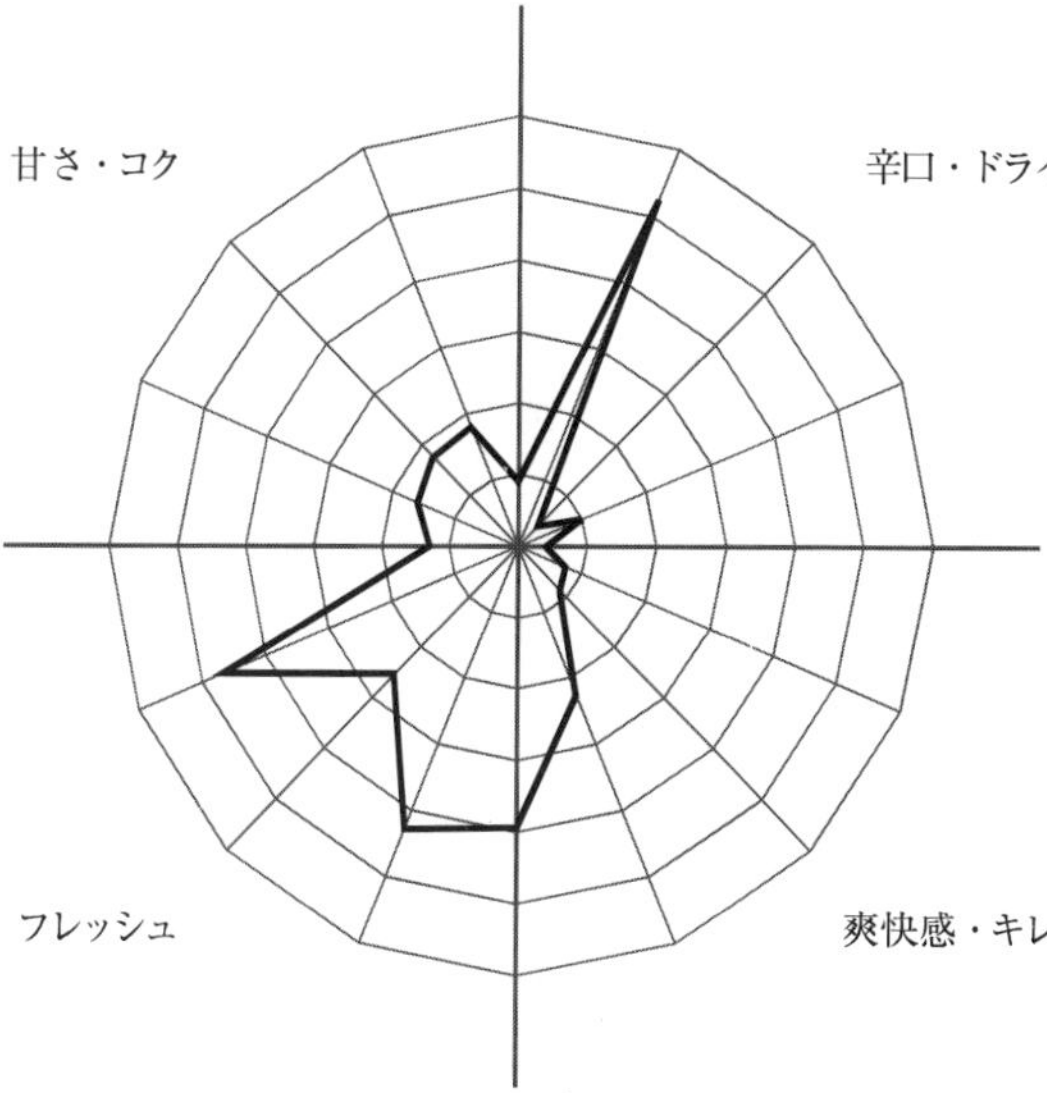

甘さ・コク	18.5	辛口・ドライ	22.4
フレッシュ	46.0	爽快感・キレ	13.1

「辛口・ドライ」「フレッシュ」が強い。「アサヒビール」「アサヒジュース」のどちらが魅力的な響きか、考えてみていただきたい。

少女たちの救世主

ファンシー文具の業界には、あるジンクスがある。

サンリオ、サカモト、サンスター、サンライク……女の子向けのファンシーグッズで成功した企業名は皆Sで始まる。そして、この頭文字Sのファンシーメーカーが、男子玩具に手を出すと失敗する。

このジンクスを、サブリミナル・インプレッションで解き明かしてみよう。

ことばの音を見、聞き、発しながら、私たちは、Sに爽やかさを感じ、Tに確かさを感じ、Hで開放され、Nで慰撫され、Kで鼓舞されている。この印象の質は、発音時の物理構造に依存するものなので、老若男女、人種、言語の別を問わず、人類普遍のものだということは既に繰り返し述べてきた。

しかしながら、どの音に癒されるか、ということになると、性別や年齢に大きく影響されることになる。S音は思春期から二十五歳くらいまでの若い女性たちを癒すが、同時期の男の子はS音のすかした感じを嫌い、濁音の乱暴さにかえって癒されている。働き盛りの男たちはTの確かさに安心し、頭の悪い上司にからまれるキャリアウーマンたちはドライとキレのKにほっとする。年をとってくれれば、家庭的なNやMがだんぜん嬉しくなる。

ブランドマントラを目指すなら、商品特性と商品名のサブリミナル・インプレッションの適合性も大事だが、このターゲット市場にとってどうかも無視することは出来ない。ファンシーメーカーの伝説Sは、思春期の女の子を癒す音だ。正確に言うと、初潮から女性ホルモンが安定する第一子妊娠までの女性脳に、たいへん心地よい音である。

この時期の女性たちは、生理不順や生理前症候群、生理痛に悩まされがちな世代だ。若いころの、生理直前の全身のほてりや腹部の重さ、頭の重さ等々、思い出すだけでうんざりする。大きく何かが滞ったような感じなのだ。ある少女が、生理前症候群を「自分が大きなニキビになっちゃったみたい」とたとえたが、女性の多くが大きくうなずくのではないだろうか。ニキビが腫れて痛むとき、「早く、膿《うみ》が出て楽になってくれればと願う感じなら、男性陣もおわかりだろう。あの感じが、全身にあるのである。生理前症候群のときには、ついでに便秘にまでなったりする。で、生理も後半になると、何もかもがすっきりして、ほっとする。

若い女の子たちは、毎月、この「滞りの質」にうんざりしながら生きていると言っても過言ではないのだ。この「滞りの質」に、滑らかな風の質S音はなんとも心地よい。

反対に、ひっかかり爆発する、ブレイクスルー系と濁音はなんとも疎《うと》ましい。それが、十二〜三歳から二十代後半までの女性マーケットなのである。

特に、初潮から三〜四年の思春期には、親の干渉を振り切りたい思いを、この「滑りのS音」が応援してくれるので、S音に傾倒する気持ちがさらに強い。親の干渉を疎ましがる時期には、硬く乾いたK音、叩きつけるようなT音も好みなのだ。

十二歳までは、幼児期の続きでBやPを愛し、母性のMに癒されている少女たちが、いきなりこの三音を疎ましがって、S、K、Tに傾倒する。これに、全年齢層の女性にキレイを感じさせる音Rを加えた四音が、若い女性にモテる音になる。プーさん、パンダ、ムーミン、ミッフィー、ミニー、ディズニーランドから、サンリオ、キティ、セブンティーン、ディズニーシーへ。こう並べてみると、娘の使うことば遣いががらりと変わった時期を思い出すお父さんも多いのではないだろうか。

もちろん、音だけではなく、色やかたち、材質、人間関係にも、「滑りの質」へのうんざり感を軽減する、さらりとした質を求めている。こんな時期の女の子たちなので、S音にアクセントのある名前の男性は、若い女性に「実力」以上に見られているふしがある。「沢村さん」とか「俊介くん」は、「滞りの質」の時期の女の子たちには、なんとも爽やかに響くのだ。

S音で始まるファンシーメーカーが、女の子たちの支持を受けるのは、単なる偶然ではないのである。低年齢層向けの玩具・文具商品を扱っている企業は、十二〜三歳という女性マーケットのこの劇的な転換期を知っておくべきである。

さて、S音傾倒中の思春期の女の子は、同時期の男子に人気の濁音（特にG、Z、D）が憎いくらいに疎ましい。けれど、濁音＋ブレイクスルーがなければ、男子市場はブレイクしない。思春期には、男子玩具と女子玩具に同じブランドやキャラクターを使えないのはもちろんのこと、近い売り場に並んでいるだけで、互いに食傷気味になる。ファンシー文具業界においては、「男女十二歳にして席を同じじゅうせず」を遵守《じゅんしゅ》しなくてはならないのである。

ただ、思春期以降の、女性ホルモンの安定してきた女性たちは、BやPにタフになる。これらの音をキレイ音Rと組み合わせると華やかさが出て、男女共に人気のあるブランドを創生することも出来る。「ブルガリ」「プラダ」「バーバリー」は、その好例だ。あるいは「りぼん」「ばら」のように、思春期前の女の子と、そのお母さんの二層にまたがるブランドマントラになる。

男の子が走り出す音

ブレイクスルー系七音（K、T、P、B、G、D、Z）を上手に並べると、若い男たちに「お祭り騒ぎ」の高揚感を与えるブランドマントラが出来上がる。

このネーミングの傑作としては、古典的だが、コカ・コーラとペプシを挙げよう。一見、似たようには見えないが、コカコ、ペプはいずれもK、Pというブレイクスルー系の同音並び。実は、よく似たサブリミナル・インプレッションを持つ。

ティーンエイジャーの男の子が大好きな放出感を髣髴とさせるブレイクスルー系の音を先頭に重ねて、ターゲット市場をうまく刺激している。また、同子音重ね（コカコはK三つ、ペプシはP二つ）は、単調で小刻みなブレイクになり、小さな泡の弾ける音が次々に重なる様を喚起している。なお、ペプは二音重ねで本来なら小刻みなブレイクのクオリアは弱めだが、三音目のシが、たくさんの泡がいっせいに弾けた音を模写しているので、コカ・コーラに勝るとも劣らない。

こうして、商品名を思い浮かべたとたん、泡の弾ける映像が潜在脳いっぱいに広がって、ティーンエイジャーの男の子たちはいてもたってもいられなくなる。

映画のコマの間にコーラの静止画像を挟むと、動画映像でコーラは見えないのに、映画館のコーラの売り上げが伸びたというサブリミナル広告の伝説があるが、そうまでしなくてもコカ・コーラの商品名には、強烈なサブリミナル・インプレッションがある。映画館のシートカバーに、赤地に白抜きのコカ・コーラの文字があるだけで十分なのである。

牛丼と豚丼

お祭り騒ぎといえば、吉野家の牛丼が販売終了したあの大騒ぎの後、劇作家の三谷幸喜氏が、朝日新聞掲載のエッセイに、その音の響きにおいて、豚丼は牛丼に勝てない、と書いていらした。非常に興味深く拝読した（二〇〇四年三月三日付夕刊）。

ギュードン、トンドン、ブタドン。いずれも正調ブレイクスルー系で、オトコゴドモの好きな音であることには間違いない。しかし、Gの拗音（ギャ、ギュ、ギョ）は、どうにも他の音に代えがたいのだ。

ギャング、ギャンブル、ギャラクシー、ギャンゴ（ウルトラ怪獣）、ギャラドス（ポケモン）、ギャン（ガンダム）、ギョリュウ（モンスターハンター）……たしかな摑《つか》みのG音を拗音で攪乱《かくらん》したG拗音の発音体感は、つかんで引き摺《ず》りまわすイメージであり、暴力的で、かつ華やかだ。男たちを高揚させる、独特の負の美学を隠し持っている。破裂音B、Tが、膨張と破裂の快感を髣髴とさせて男の子たちを高揚させるのとはまた違う、暴力の高揚なのだ。個人的な性の高揚と、暴力の高揚。女から見たらどっちもどっちだが、プライベートよりも社会性をカッコイイと思う男たちは、Gの方がカッコイイと感じている。

というわけで、ギャングをブングに代えたら、まったくカッコがつかないのだ。同じ理由で、ギュウドンをブタドンに代えたら、まったくカッコがつかないのである。「牛丼でも食うか」は口にしたいが、「豚丼でも食うか」はちょっとカッコ悪い。

それにしても、豚丼は牛丼に勝てないということに気づいた三谷氏の鋭い語感には舌を巻く。

同じエッセイの中に、新選組には見廻組《みまわりぐみ》というライバルがいたが、見廻組がまったく注目されなかったのは、名前の響きが悪かったせいではないか、というこれまた鋭い指摘もあった。

風の質のSを効果的に使ったシンセングミは、ことばの音そのものが、滞っていた世情に吹き込む一陣の風である。当時の庶民には、どんなにか爽やかに感じられたことだろう。先頭のSHは光拡散効果もあり、まさに、闇を切り裂く正義の光のイメージ。組のGuでぐっと締めて、最後のMiは愛の音。宝塚のレビューのような、見事な出来映えである。女たちに相当もてたはずである。

実際には、鬱積した下級侍の集団であり、一時期は殺戮《さつりく》軍団でもあった。それなのに、後世にずっとエンターテインメントの素材として愛され続けているのは、新選組の名によるところが大きいと思う。これを、G音の名前にでもしていたら、当時の男たちには気に入られても、後々悪党イメージに変わっていたのではないだろうか。

化粧品ブランドの棲み分けマップ

化粧品もまた、ブランドのサブリミナル・インプレッションがよく効く分野である。同じ口紅でも、値段が安すぎると売れない市場だ。「美しくなるような気がする」価格帯が、年代や所得階層別にちゃんとある。ブランド名そのものも「美しくなるような気がする」名前がうまく付けられている。

アイシャドウや口紅などのような彩りを添えるメイクアップ用の化粧品が人気のブラ

ンドには、光拡散効果を活かしたものが多い。

シャネルの先頭拍SHaは、聞いたとたんに光のシャワーを浴びたような気持ちになる音だ。シャネルは、この光拡散効果のSHaになめらかな肌の音Neをつなげ、一流ホテルの間接照明のような、やわらかで華やかな光拡散効果に仕上げている。最後のL音は透明感を表し「華やかな女でいて、清純さを失わない」シャネルが理想とする女性像が見えてくる。また、エスプリの効いたキュートないたずらっぽさも見え隠れする。さすがに、魅惑的な女性の世界代表選手、フランス女性たちが愛したブランドである。

シャネルは、このブランドの創設者の苗字ではあるが、まるで微妙に調合して作ったブランド名のように秀逸だ。ココ・シャネルの大成功は、案外、この苗字の下に生まれてきたことに起因するのかもしれない。

一方、ニューヨーク・ブランドのエスティローダーも、原語では第一音節に光拡散のSを擁する。私たち日本人は、語頭の母音eを一拍に発音してしまうので気付きにくいのだが、欧米語の語頭母音eは、後続の子音を強調する音響効果音になる。したがって、エスティローダーも光り輝く化粧品ブランドである。

このエスティローダーは、躍動感とパワーで構成されたエグゼクティブ女性を髣髴とさせるサブリミナル・インプレッションだ。シャネルもエスティローダーも、若い女性たちが憧れるオトナの女性を感じさせる高級ブランドだが、シャネルの「華やかで、清純で、エスプリの効いている」マダム・イメージに対し、エスティローダーは「アグレッシブに活躍する」エグゼクティブ・ウーマン。パリとニューヨークの空気の違いなのか、フランスとアメリカの女性像の違いなのか、好対照を描いている。

さて、この二つのブランドの特性のどちらをも持ち、世界に燦然《さんぜん》と輝く化粧品ブランドがある。われらが資生堂だ（別に私が資生堂のコンサルタントをしているわけではない。国産メーカーなので「われらが」です）。

資生堂は、SHaよりも強く集中力のあるSHiに、さらにS音を重ねて、眩《まぶ》しいくらいの光拡散を感じさせている。光り輝く特別な女性、スポットライトを浴びるスターのイメージである。最後のDoの重厚感が、老舗の風格を表すと共に、働く女性たちのエグゼクティブ志向もくすぐっている。この資生堂の堂々たるサブリミナル・インプレッションは、国内外の化粧品ブランドの中でも突出している。若い女性向けのキュートでリーズナブルなシリーズをいくら出しても、その高級感はけっして失われない。

光効果の化粧品ブランドは、この他に、マックスファクターやレブロン、カネボウなども挙げられる。しかし資生堂は、それらのブランドも抑えて、堂々世界一位の輝き度。ぜひ、海外で荒稼ぎをしてもらいたいものである。

ところで、カネボウには資生堂にはない特徴がある。ボウは、インド・ヨーロッパ祖語の節でも触れたように、「繁栄・増大・増殖」の強いサブリミナル・インプレッションを持っている。カネボウは、先頭拍Kaの輝きと、語尾のBo-Uの繁栄イメージによって、世界中の人々に、成長と繁栄の悦びを感じさせるブランド名なのだ。

このイメージ、実は、少子高齢化と共に抜本的な経済停滞を示しているマーケットには少しキツイ。高齢化した女性化粧品マーケットで、「増える」といったら、しみと皺《しわ》しかないのである。逆に、高度成長期に入ったアジア各国では、魔法のように利くはずだ。ブランド戦略の基本は、適材適所、でもある。

（一八一〜一八四ページのレーダーチャート参照）

「シャネル」のサブリミナル・インプレッション

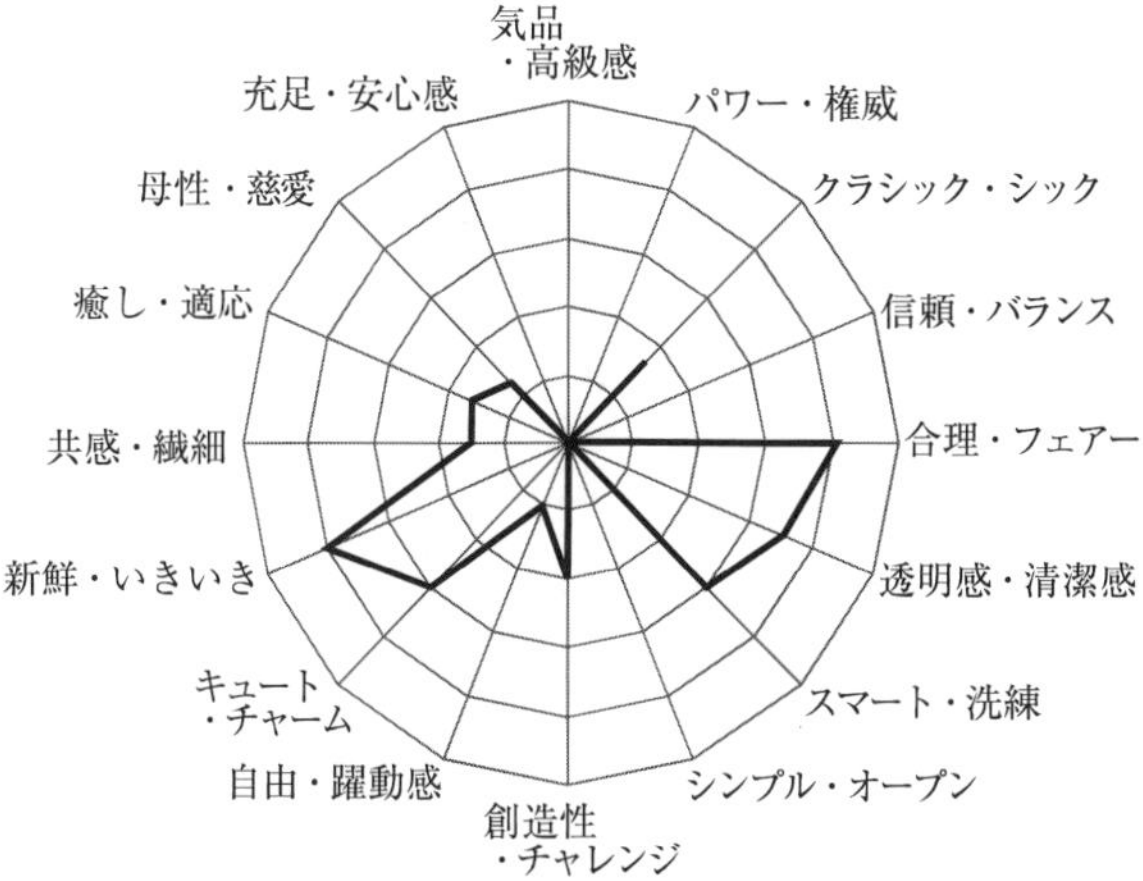

気品・高級感が無いのが意外かもしれない。「母性」よりも「合理」「スマート」「新鮮」などが強いことは、偶然とはいえブランド名としては大成功だったのではないか。

「エスティローダー」のサブリミナル・インプレッション

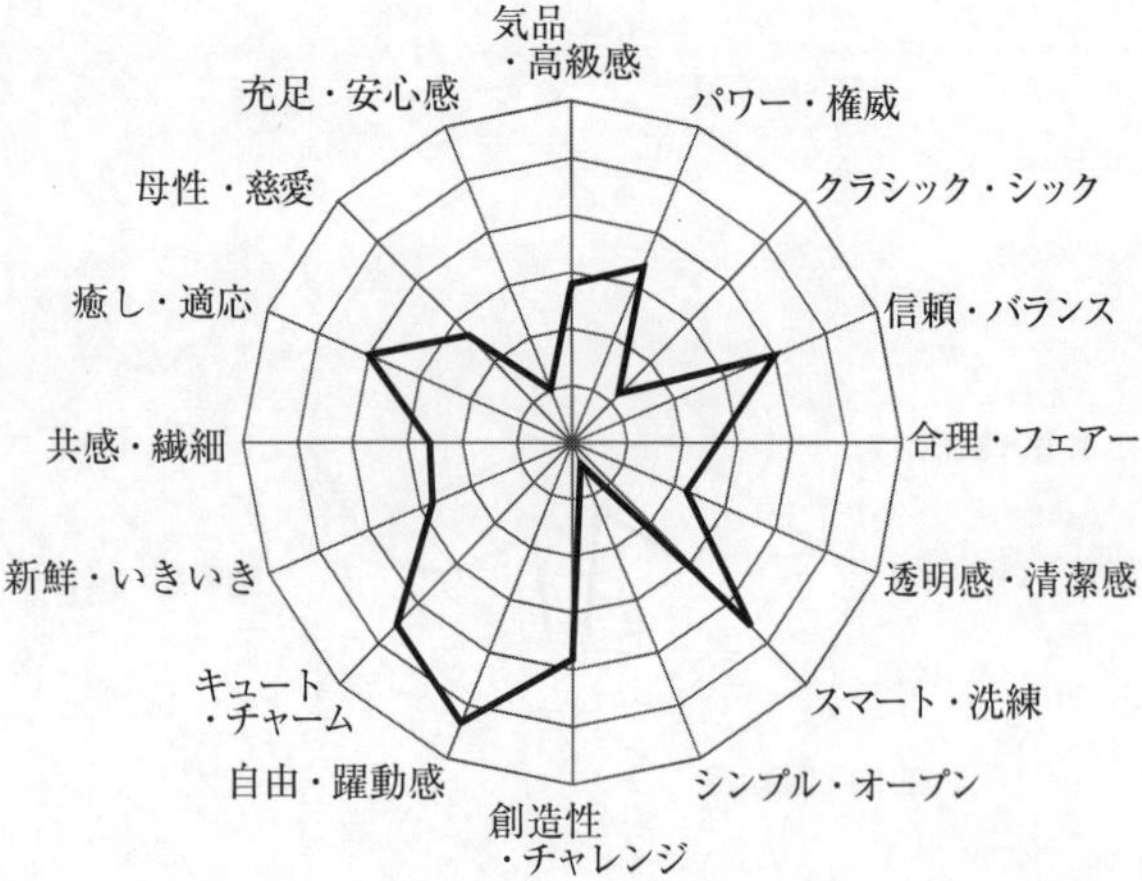

シャネルと比較した場合、「自由・躍動感」が突出している。バリバリ働いている女性には、この名前のほうが訴えてくるものが強いはずである。

「シセイドウ」のサブリミナル・インプレッション

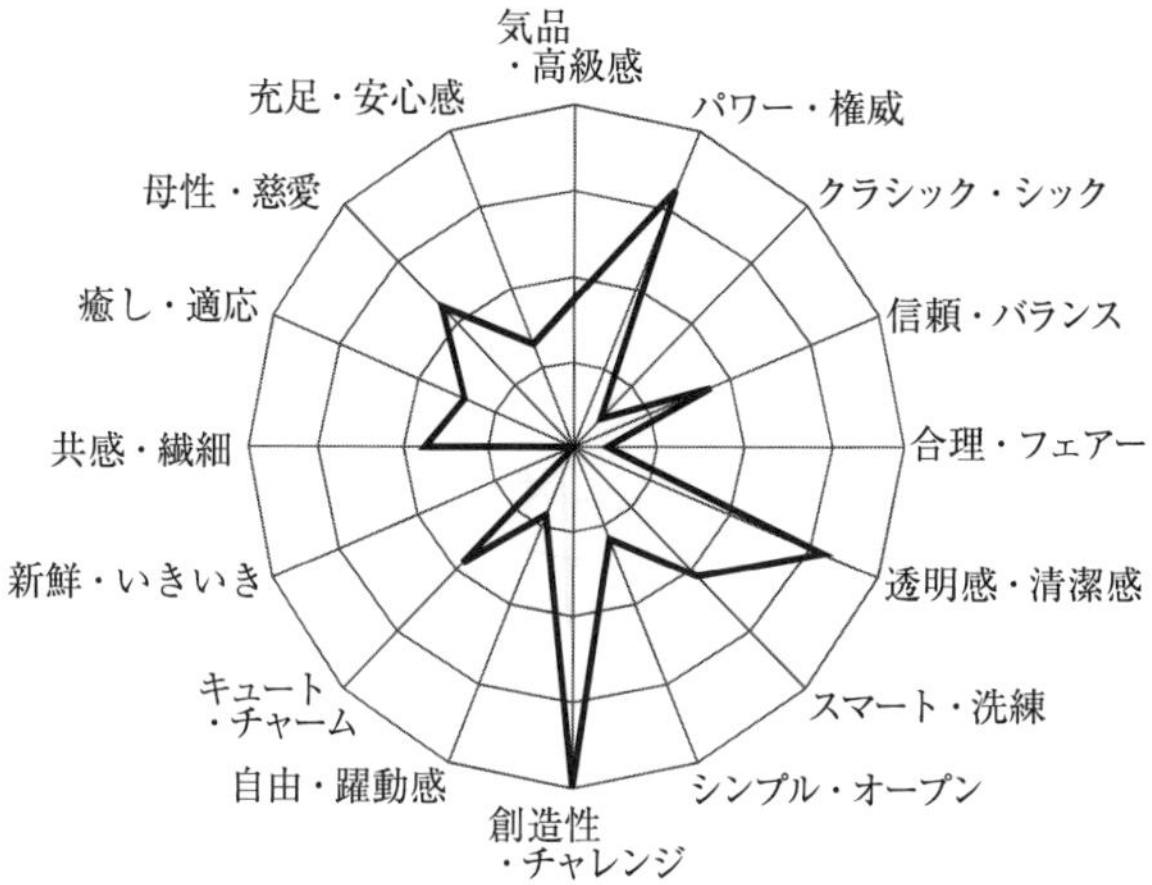

化粧品として必要な「透明感・清潔感」「創造性・チャレンジ」がある一方で、「ドウ」で「パワー・権威」を強調して老舗感も出すことに成功している。非常によくバランスが取れた形である。

「カネボウ」のサブリミナル・インプレッション

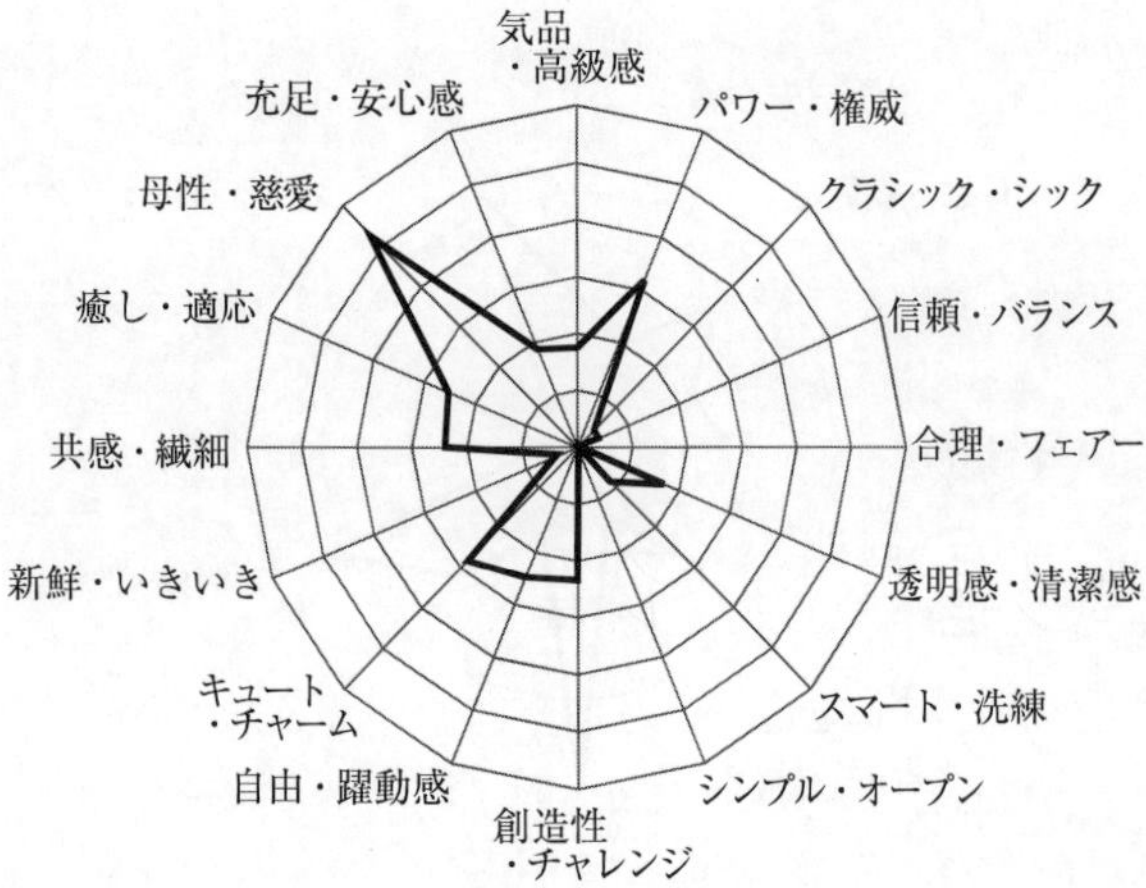

赤ん坊の大好きなB音が含まれているので、「母性・慈愛」が突出している。同社の「for beautiful human life」は日本のブランドマントラのなかの名作のひとつ。

終　章　日本人は言葉の天才

世界が二つの言語に分かれた日

ここまでの章で、私は何度か日本人の特殊な能力、日本語の特殊性について述べてきた。そしてそれがサブリミナル・インプレッションの研究に非常に役立っているということも。

そのことを最初に意識したのは、今からもう二十年近く前のことだ。話は一九八五年までさかのぼる。当時、私は、人工知能のエンジニアだった。

人工知能すなわちＡＩ（Artificial Intelligence）は、人間の感性や知性あるいは社会性という複雑系システムを解明して、コンピュータ上に構築し、産業化しようとする基礎研究の総称である。ニューロ・コンピュータ、ファジー推論、エキスパートシステムなどという懐かしいＡＩ用語には聞き覚えのある読者の方もいると思う。

　私の専門分野は、自然言語解析だった。自然言語とは、日本語や英語のように人間が普通に使う言語のことである。コンピュータの世界では、単に言語と言うとC言語やベーシックのようなコンピュータ言語のことになるので、普通の「言語」にわざわざ「自然」を付ける。自然言語解析とは、その普通の言語をコンピュータに認識させる技術のことだ。平たく言えば、コンピュータと人間の対話や、機械翻訳を実現することである。

　二〇〇四年の今、ＡＩは、既に当たり前のことになってしまった。音声に自動応答してくれるマシンも、人間のように繊細な動き方をする産業ロボットも、微妙な水流を作って「手洗い」ができる洗濯機も、あまりにも身近で、その基礎を支える技術がＡＩかどうかなんて、もう誰も気にしなくなってしまった。だから最近の若い人に、ＡＩを説明するのは難しい。

　しかしながら、二十二年前、わが国がＡＩの産業化のために、約一千億円の予算を投じて新世代コンピュータ計画を立ち上げたとき、世界は驚愕したのだ。まだ、一般の家庭にはパソコンなんてなかった頃だ。コンピュータはアイコンをクリックして動かすものではなくて、コマンド行に英文字のコマンドを入力して動かすものだった。

さて、そのコンピュータ時間でいえば「古代文明のあけぼの」くらいに当たる一九八五年に、人工知能の国際会議が東京で開催された。

この会議のあるセクションで熱く論じられていたのは、ＡＩの記述言語を世界的に統一しようという試みだった。私は、まだ新米のエンジニアだったので、当然パネリストではなく、傍聴席の一番後ろのほうに小さくなって座っていた。

当時、人間の知識を記述するコンピュータ言語には、ＰＲＯＬＯＧ（プロログ）とＬＩＳＰ（リスプ）という二大言語があった。会議では、アメリカ陣営がＬＩＳＰを強く推し、日本、イタリア、フランスという日欧陣営がＰＲＯＬＯＧ以外ありえないと主張し、この議論は真っ向からぶつかってしまった。

ＰＲＯＬＯＧは、数学の論理式のようにして知識を記述してゆく言語で、あいまいな知識をあいまいなまま表現できるという特徴を持っていた。ただし、持って回った書き方になるので処理速度は当然遅い。一方、ＬＩＳＰは、もう少し単純な処理計算用の言語で、高速処理に向いていたのだ。

アメリカの研究者は、知識をいかに単純化して高速計算できるかが人工知能の身上だと主張した。日本とヨーロッパの研究者は、知識には単純化できない部分があると主張した。知識は、あいまいさを含んだまま扱わなくてはおそらく意味がない、と。とても余裕のあるエレガントな言いぶりだった。

アメリカの研究者は、「突き詰めていけば、人間の知性なんて、シンプルな数学モデルになるさ」と言い放った。もちろん英語である。

そのとき、私の前に座っていた、イタリア人と思《おぼ》しき紳士が「そりゃ、アメリカ人の知性はそうだろうよ」とつぶやいた。この紳士の独り言がパネリストに届いたわけではないが、結局、会議は目的を果たせず、世界は二つに分かれたままになってしまった。

私はその後、PROLOGもLISPもどちらも使った。正確には、LISPは使わされた。日本の企業は臨機応変なのである。

私は、PROLOGを愛していた。日本語の対話用の語彙《ごい》の定義をするのに向いていたのだ。同じことをLISPで記述しようとすると、苦労する上に、私の作る「対話するコンピュータ」の対話が、味気なくなってゆくのだ。

私は、LISPに舌打ちしながら、あの日のイタリア紳士の捨てゼリフを、何度も思い出していた。LISPで十分だという言語感性なら、私はアメリカ人とはプライベートには付き合えないなぁと思った。LISPが切り落としてしまうもの。そのことは、私たちに見えていて、彼らに見えないものがあるということを私に警告するのだった。

溶け合うことば、威嚇し合うことば

語には、あいまいでエレガントな何かがある。それが見える言語と、見えない言語がある。その違いは、どこから来るのだろう。私は長くそのことを考え続けていて、ある日ふと気づいたのである。

PROLOG処理系を生んだのはフランスだった。フランス語は開音節（音節が母音で終わる）傾向の強い言語である。五十音がすべて母音で終わる日本語はもちろん最たる開音節語だし、発音をカタカナ表記しやすいスペイン語やイタリア語もそうだ。

一方、LISP派の英語はどうか。こちらは子音で終わることが多い。カタカナで書くとわかりづらいのだが、英単語を思い浮かべればすぐにおわかりだろう。ENGLISHを日本語で書くと「イングリッシュ」で「ュ（Yu）」で終わるけれど、英語の正確な発音では［ʃ］という子音で終わるのだ。

世界を開音節語かどうかでわけるのと、PROLOG支持国が一致するというのは、非常に興味深い事実であった。

分類の糸口は非常にシンプルだ。開音節語系の語族は、母音で音節を終える。……それだけのことである。けれど、このことは意外に大問題なのだった。

母音は、声帯を単純に響かせるだけで出す音声である。アイウエオのバリエーションは、口の開け方で作っている。

母音は、気持ちが良かったり、感動したりしたとき、喉の奥から自然に出る音声でもある。その自然な声帯音は、ヴァイオリンやチェロの開放弦（指で押さえずに、弓だけで出す音）のように、音源が最も自然な状態で出す音だ。押さえたり弾《はじ》いたりしないので、弦は全方位に震えて、丸く伸びやかな音になる。声も同じだ。

一方、子音は、息を溜めて破裂させたり、歯で擦ったりして、意識的に出す音である。自然に出る母音に較べると、尖ったりざらついたりする威嚇音のような音たちだ。試しに、子音S、K、T、Gを発音してみてください。日本語ではちょっと表記しにくいけど、吐き出すようなスッ、クッ、チッ、ゲッになるでしょう？

（今、試しに発音してみたら、後ろで本を読んでいた息子が、「ママ、どうしたの？何が気に入らないの？」と顔を上げた。ほらね、意味のない単子音を発音するだけで、中学生男子くらいなら容易に威嚇できる。）

開音節語をしゃべる民族は、音節の終わりに母音を付けるので、語の区切りごとに自然な状態になる。話す者も聞く者もどんどん自然体になって気持ち良いのが、開音節語の会話の特徴なのである。そうでない言語の会話は、威嚇音である子音を並べて、ことばを重ねるほど緊張してゆく。

アメリカ映画では、単語をわざと区切って発音して相手を威嚇するシーンをよく見る。開音節でない英語人は、Rの巻き舌や、痰を吐くようなKの音のところで区切って強調することになるので、威嚇の効果が高いのである。

しかし、開音節語で語を区切って発音しても、この効果はない。日本語など、拍（よみがなの一文字単位）ごとに区切ることになるので、小刻みに母音効果が強調されて、威嚇どころか甘く親密なイメージになってしまう。「ひ・み・つ」とか「い・け・な・い」のように。意味的には威嚇効果のある「い・そ・げ」「ば・か・や・ろ・う」だって、区切って言えば骨抜きもいいとこだ。

このゆっくり区切ったときの発音の効果は、普通の速度で発音していても、もちろん存在している。このことは、開音節語をしゃべる民族とそうでない民族の間の、会話の質の違いを顕著に表している。

母音の自然な響きを楽しみながらする会話と、子音で威嚇し続ける会話。相手と融合するために使う裸（自然体）のことばと、相手との差別化のための武装のことば。開音節語とそうでない言語では、実は、会話という行為そのものの意味合いがまったく違うのである。

果たして、この二つの行為を、同じ「会話」と呼んでいいのだろうか。この二系の言語を、同じ「言語」と呼んでいいのだろうか。

私には、強い違和感がある。開音節語の人とそうでない言語の人の会話は、一見、意味のつじつまはあっているようだけれど、本質的な対話は成り立っていないはずだ。融合しイエスというための対話と、区別し、ノーというための対話なのだ。

母音を音節末に付けるか否か、たったこれだけの違いが、言語学や社会学の見ていなかったものを炙《あぶ》り出してくる、意外に大きな問題だということに、気付いていただけたと思う。

日本語は母音語

さて、ここまではフランス人もイタリア人も仲間に入れてあげたけれども、このような開音節傾向の強い西洋語も、すべての音節が開音節というわけではない。ご存知の通り、彼らの言葉は系統的には英語に近いわけで、当然、子音で終わる単語も多い。日本語は完全なる開音節語であるうえに、さらに特殊な性質を持っている。ここからは、フランス人もイタリア人も「向こう側」である。

私は、日本語を特別に母音語と呼んでいる。母音語に分類される言語は、私の知る限りでは日本語だけである。

ポリネシア語がかなり母音に傾倒した、日本語に近い音構造であることを指摘する学者もいるが、ポリネシア人は日本の五十音図のような数学的な読み文字モデルまで持っているわけではないようなので、正式な母音言語と呼んでいいかどうかは保留中である。

日本語を母音語と名付けて特別扱いするのには、完全な開音節言語であることの他にもう一つ理由がある。日本語が、母音単音の語（吾a、胃i、井i、鵜u、卯u、絵e、柄e、枝e、餌e、尾oなどなど）を数多く持つ、世界でも珍しい言語だったからだ。

私たちは、母音単音を、語として認識しているのである！　日本語人の読者の方は、あまりにも当たり前なので、私が付けた、この「！」の意味がちょっとわからないと思う。

では、これならどうだろう。母音単音を語として認識する人間と、そうでない人間は、脳の機能構造が違うのである！

医学博士の角田忠信氏の著書『日本人の脳』によれば、欧米各国と韓国ならびに日本の被験者のうち、母音単音を言語優位脳、つまり「考える半球（左脳）」で聞くのは、なんと日本語人だけ、という顕著な実験結果が出ているのである。

ここで、私があえて日本「語」人としたのには理由がある。日本語人とは、五〇ページでもふれたように、母語が日本語である人のこと。遺伝子的あるいは国籍上は日本人でなくても、生まれてから言語脳完成期（八歳ごろ）までの期間に日本に住み、日本語で育った人を含む。

角田博士の実験によれば、日本語人以外は、単音の母音を言語優位脳で聞いていないのである。つまり、音楽や雑音を聴く領域で処理され、記号として扱われていないことになる。彼らにとって、母音の音声は人間が自然に出す音、すなわち唸り声のようなものであって、記号として認識できない音なのだ。

私たち日本人も、空調のファンの音や、楽器の音、お父さんがお風呂に入ったときに出す唸り声なんかは、ちゃんとした擬態語にはしにくい。記号化に失敗し言語脳で処理できないからだ。

なんと、欧米人にとっては、単音の母音がそんなふうなのだというのだ。つまり、欧米人に「絵」とか「胃」とか言っても、彼らはそれを私達のように明確には聞きとれないことになる。これには驚かずにはいられない。

日本人の絶対語感

音楽の世界に、絶対音感という能力がある。

これは楽器の音を、正確な音程で聴く能力である。ピアノの打鍵音を聴くだけで音程を言い当てる、なんていうのは序の口で、音が繋がっている弦楽器の奏者などは、微細な周波数で音程の違いを言い当てる。

私の研究仲間に、世界的なヴィオラ奏者がいる。その彼が、これまた世界で活躍しているヴァイオリン奏者とオーケストラの楽屋で交わした会話に、私は度肝を抜かれたことがある。「今日の会場だと、どの周波数で行く?」と相談しているのだ。

プロは、自分の楽器が自分の手元で正確な音を出すことだけで満点とはしない。その音が会場を共鳴箱として響くとき、すなわち聴衆の耳に実際に届くときの音が正確な音であることをもって、合格点とするのである。

硬い金属線をハンマーで叩き、一オクターブを十二の音階で割るピアノのような物理的にタフな楽器の場合、出す音と聴かれる音の差は比較的少ない。とはいっても、もちろん上級ピアニストたちは、微妙なフィンガーテクニックで、その日その時の正確な音を作り出しているのだ。

ヴァイオリンやヴィオラなどの、弦を弓で撫《な》でる弓奏弦楽器は、もっとデリケートに共鳴箱（会場）の影響を受ける。このため、その日の会場のコンディションによって、基準音を周波数単位で微調整するのである。

コンディションは、会場の広さ、室内壁の材質など、リハーサルで確認できることもあるが、その日の天候や、聴衆の人数や服装などでも違う。外が急に雨になって、傘なんか持ち込まれた日には、音質がみるみる変わるのが、素人の私にだってわかる。プロは、それでも、正確な音を私たちに届けてくれる。

そんな演奏家たちに不可欠な才能が、自分の耳で正確な音を聞き分ける技術、絶対音感なのである。

正確には、彼らは、耳だけではなく骨振動も使っている。ヴァイオリニストが、頭蓋骨に直接音叉を当てて振動数を確認しているのを目撃したことがあるし、実際に楽器に触れているかどうかは、演奏家の絶対音感に大きな影響を与えている。

さて、この絶対音感、実は、楽器の音を「考える半球（左脳）」で聞く才能なのである。

要は、前述の母音や虫の音と一緒だ。絶対音感のない者には形容のしようのない器楽音が、絶対音感の持ち主には色合いのある音（意味のある記号）として聞こえる。美しいハーモニーの楽曲が、絶対音感で聴けば記号の重なりに聞こえ、音楽の構成要素が一粒一粒見えるのである。

このため、絶対音感が常に活性化してしまうと、音楽を楽しむどころではないらしい。が、絶対音感は消すことができる。私たちは、脳の優位半球で意識的に聴くものを、劣位半球に切り替えることが可能なのである。

ほら、新聞を読んでいるとき、奥さんの愚痴がＢＧＭのようになってしまうことがあるでしょう？　「ちょっと、聞いてるの⁉」と問いただされれば、「もちろん、聞いてるさ」と反射的に答えながら、彼女が何を言っているかは、実は認識していないとき。このとき、本来は左脳で聞くべき言葉を、右脳で聞いているのだ。右脳から左脳へのスイッチングのトリガーは、「ちょっと、聞いてるの⁉」である。

余談になるが、実は、女性はこのスイッチングがスムーズで、こまめに切り替えることができる。右脳と左脳をつなぐ脳梁《のうりょう》が男性より二割ほど太いので、左右脳の連携が男性よりもずっといいからなのだ。このスイッチング機能のお陰で、テレビを見ながらのついでの会話でだって、男の嘘を見抜くこともできるのである。

話を戻そう。絶対音感が活性化しているときの奏者は、オーケストラのハーモニーは記号列のように認知するが、絶対音感を消せばちゃんと音楽として聴こえるという。

つまり、絶対音感とは、以下のようなものなのである。

音楽を創りあげる音楽家にとって、絶対音感は不可欠だ。音楽の構成要素が一粒一粒見えなければ、構成することも微調整することもできない。しかしながら、音楽を楽しむものにとっては、絶対音感は不要なのである。

優秀な演奏家たちは、技術者として絶対音感を使って音を組み上げながら、芸術家として絶対音感を消しながら全体のエンターテインメント性を確認している。絶対音感を持ちつつ、自在に絶対音感を消すことができる者だけが、芸術家と呼ばれるレベルの音楽家になることができるのだ。こうやって、人類全体から見ればたった一握りの絶対音感の持ち主たちが、人類全体を音楽で魅了している。

ちなみに、絶対音感は、七歳くらいまでに完成しなければ一生獲得できないそうである。これは、言語脳の完成期とほぼ同じで興味深い。

日本人（母音語民族）の語音感覚は、この絶対音感によく似ている。

通常は「感じる半球（右脳）」で聴く音楽を「考える半球（左脳）」で聴き、意識的にコントロールできるのが絶対音感。通常は脳の「感じる半球（右脳）」で聴く母音を「考える半球（左脳）」で聴き、意識的にコントロールできるのが絶対語感。私たちは、天才音楽家に不可欠な才能＝絶対音感のような特別な才能を、ことばに関して持っているのだ。

ちなみに、絶対語感ということばは、外山滋比古氏が著書『わが子に伝える「絶対語感」』で既にお使いになっている。この本で展開されている外山氏の理論は、幼い頃、母親に語りかけられたことばによって人の一生の語感が左右されるというもので、この「一人の人間の生涯にわたって変わらない語感」を絶対語感と定義されている。

私の使う絶対語感は、絶対音感の語感版である。すなわち、七つの音階を顕在脳で聞き分ける音感のように、五つの母音を顕在脳で聞き分ける語感を指すのであって、ここでの「絶対」は人類普遍の絶対軸を指す。個人の絶対軸とはまた違う観念になるので、あえてことばの使い方の違いを明記しておく。

この絶対語感を持っていることが、実は私たちが、外国語を習得するのが下手だということに繋がっているような気がする。絶対音感の持ち主である音楽家たちは、粗雑な楽器を奏でるのに耐えられない。同様に、ことばの音に関する天才的な言語能力と、その天才脳に最適な言語モデルである日本語が存在するために、粗雑な他言語に馴染まないのではないか。

ちなみに、絶対音感のしっかりしているプロの演奏家は、いつ調律したかわからないような埃《ほこり》をかぶったピアノでも、それなりに演奏してしまう。音楽のプロデュースの現場にいると、稀《まれ》に目撃するシーンだ。音程のずれている鍵盤を叩き方で工夫し、半音くらいまでなら演奏そのもので調整してしまうのである。なので、粗雑な楽器だから弾けない、というのではプロではない。ただ、粗雑な楽器を日常的に使うわけにはいかないのだ。演奏家の繊細な感性を痛めつけることになる。もちろん、粗雑な楽器には、とうてい馴染むことは出来ない。

私たち日本人にとってごく当たり前のことばの感性の世界は、どうも他の言語を使う人々には「感じれど見えず」なのである。

ことばの音のサブリミナル・インプレッションと、そこから読み解くブランドマントラの世界……それは、絶対語感の持ち主である私たち日本人がリードするしかないフィールドなのではないだろうか。

おわりに　～意識の質で世の中を見るということ

　意味とは別に、意識の質の変化を見る。幼児の癇癪《かんしゃく》も、女友達のイライラも、大衆の動向も皆同じだ。彼らの主張（喜怒哀楽）にとらわれる前に、今、彼らを支配している意識の質を見つめてみる。同じ癇癪でも、滞りの質にいらついているのか、変化の質が不安なのか、それによって、対処は正反対になる。

　これが私の世の中の見方である。

　このような他者の意識の質を読む道具として、私は、ことばのサブリミナル・インプレッションを使う。ことばの音には、意識と響きあう力がある。このことばの力を意味と明確に分けるために、私は、ことばを発声する際に口腔内で起こる物理効果にのみ注意を向けることにした。

　ことばを発する際に、口のなかで起こる空気の流れ、舌の動きといった物理現象が、意味以上に意識の質に影響を与えている。第2章でご説明したこの点こそが、私の研究の原点であり、オリジナリティであると思っている。その他の様々な具体例は、それをわかりやすく説明するための方法に過ぎない。

ことばには意味がある。もちろん意味は無視できない。しかしながら、ことばの意味を引きずっていたら、意味とは別に意識の質を読む術には使えないからだ。

この本は、感性を感性で語った本ではない。感性を物理効果の観点から論理化することを試みた本である。

感性というものは確かに存在する。ただし、人の感性には「豊か」「貧しい」とか「鋭い」「鈍い」の差はない。感性は潜在意識下にあるからこそ感性なのだ。「感性が鈍い」といわれる人は、ただ感性を語るのが好きではないだけだろう。実のところ、私も感性をまことしやかに語るのが大嫌いな人間なのである。ことばの音を口腔内物理効果と見ることができたから、私は意識の質の変化、すなわち感性について語ることにした。

そうして出来たこの本は、今までの感性論にうんざりしていた静かな知性の人にこそ、ぜひ読んで欲しい。

この本は、多くの先達の方々の研究成果がなければ成り立たなかった。特に音相システム研究所の木通隆行所長には、基本の知識と多大なインスピレーションを授かっている。ちなみに第5章で分析例に提示した「ひかり」と「のぞみ」の比較は、音相分析法による成果をすでに発表されている（ちくま新書『ネーミングの極意』）。師への敬意を表して、私の分析結果も追加して発表することにした。比較していただくと、一つの真理に二つの光の当て方があることがわかって楽しんでいただけると思う。執筆に当たっては、株式会社感性リサーチの上席主任研究員、増田嗣郎氏に大和ことばならびに日本語の歴史について、厚いご指導をいただいている。大和田洋一郎氏にはインド・ヨーロッパ祖語と漢語の流れについてご指導いただいた。私に知識と知恵をくださったすべての方に感謝します。

そして、何より、この最後の一行まで読んでくださったあなたに心からお礼を言いたい。ほんとうにありがとうございました。

二〇〇四年六月　黒川伊保子

本文デザイン・株式会社ゾーン

黒川伊保子　1959(昭和34)年長野県生まれ。奈良女子大学理学部物理学科卒。㈱感性リサーチ代表取締役。主な著書に『感じることば』『LOVE brain』『恋するコンピュータ』など。

Ⓢ新潮新書

078

怪獣《かいじゅう》の名《な》はなぜガギグゲゴなのか

著　者　黒川伊保子《くろかわいほこ》

2004年 7 月20日　発行
2004年11月 5 日　3 刷

発行者　佐　藤　隆　信

発行所　株式会社新潮社

〒162-8711　東京都新宿区矢来町71番地
編集部(03)3266-5430　読者係(03)3266-5111
http://www.shinchosha.co.jp

印刷所　株式会社光邦

製本所　株式会社植木製本所

ISBN4-10-610078-9 C0211

価格はカバーに表示してあります。